Herakles

Daphne

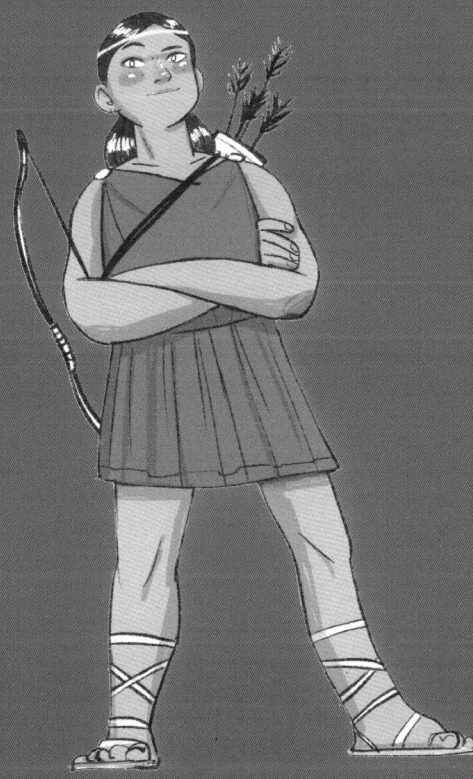

Lucy K. Walker

Die Schule der kleinen Götter

Für meine Familie –
weil ihr immer für mich da seid.

LUCY K. WALKER

DIE SCHULE DER KLEINEN GÖTTER

Mit Illustrationen von Marta Kissi

He du, wenn du dir irgendwann während der Geschichte denkst,
»Wer ist noch mal der Gott oder die Göttin? Was soll ein Pegasus sein?«
Oder: »Was hat es noch mal mit der Hydra auf sich?« –
dann schau doch einfach hinten ins Buch, da findest du eine Übersicht
mit allen Namen und kurzen Erklärungen!

Die Bastei Lübbe AG verfolgt eine nachhaltige Buchproduktion.
Wir verwenden Papiere aus nachhaltiger Forstwirtschaft und verzichten darauf,
Bücher einzeln in Folie zu verpacken. Wir stellen unsere Bücher in
Deutschland und Europa (EU) her und arbeiten mit den Druckereien
kontinuierlich an einer positiven Ökobilanz.

Originalausgabe

Copyright © 2023 by Bastei Lübbe AG, Köln

Textredaktion: Jennifer Buchholz
Umschlaggestaltung: Tanja Østlyngen unter Verwendung
von Illustrationen von Marta Kissi
Satz: Dörlemann Satz, Lemförde
Gesetzt aus der Goudy Old Style und Providence
Druck und Einband: GGP Media GmbH, Pößneck

Printed in Germany
ISBN 978-3-8339-0774-6

3   5   7   6   4

Sie finden uns im Internet unter: luebbe.de
Besuchen Sie auch die bunte Welt der BuchstabenBande: baumhausbande.de

EIN GEWAGTER
FLUCHTVERSUCH

*D*er Hintern des dreiköpfigen Hundes steckte fest.

»Komm schon, Kerby. Wir haben es fast geschafft! Zieh noch einmal den Bauch ein!«, stieß ein schmächtiger Junge aus und drückte mit beiden Händen gegen das Hinterteil des riesigen Hundes. Kerby hatte nicht nur drei Köpfe, sondern auch Appetit für drei. Das konnte der Junge gerade überhaupt nicht gebrauchen. Schließlich machten sie hier keinen Spaziergang. Sie waren auf einer Mission! Nun steckte Kerby mit seinem Po in einem schmalen steinernen Durchgang fest und jaulte schuldbewusst. Der Junge wischte sich das schwarze Haar aus der Stirn und warf sich mit der Schulter dagegen. Aber der Hund bewegte sich keinen Millimeter.

Plötzlich schwebte der leuchtende Geist eines alten Mannes aus der Wand. Doch der Junge erschrak keineswegs bei dessen Anblick, stattdessen rollte er nur mit den Augen.

5

»Niko, du solltest doch Wache halten!«

»Junger Meister, vielleicht ist das ein Zeichen der Götter. Wir sollten umkehren. Ich will mir gar nicht ausmalen, was Euer Vater sagen wird, wenn er uns im Thronsaal erwischt! Das wird Hausarrest bis in alle Ewigkeiten geben«, stieß der Geist aus. Er blickte nervös umher und fuhr sich dabei durch den Bart. Das tat er immer, wenn sich sein Schützling in Schwierigkeiten brachte.

Doch der Junge winkte ab. »Auf keinen Fall kehren wir jetzt um, ich plane das hier schon seit Wochen. Außerdem ist mein Vater geschäftlich unterwegs, und Mum ist im Garten und kümmert sich um die Granatäpfel. Das hier ist meine Chance.«

»Aber bedenkt doch, was passiert, wenn sie Euch erwischen. Was das für Konsequenzen haben wird. Ihr könnt nicht auf ewig vor Eurem Schicksal fliehen.«

»Das werden wir ja sehen!« Und damit trat der Junge ein paar Schritte zurück, nahm Anlauf und warf sich mit seinem gesamten Gewicht gegen den feststeckenden Hund. Der jaulte auf und flutschte frei. Doch der Junge hatte noch so viel Schwung, dass er sich überschlug und unsanft auf dem Boden landete.

»Na bitte«, grummelte er, rappelte sich auf und klopfte den Staub von seiner Tunika.

»Vorsicht!«, zischte Niko.

Der gesamte Trupp warf sich flach auf den Boden. Sogar Kerby, was bei dessen riesiger Statur nur mittelmäßig klappte. Glücklicherweise befanden sie sich im Schatten einer Säule, die sie vor

dem Licht der grün leuchtenden Fackeln und vor neugierigen Blicken verbarg. Schritte und Gelächter waren zu hören. Im Magen des Jungen zog sich alles zusammen. Das konnte nur eins bedeuten: Seine Schwestern waren hier! Er warf Niko einen wütenden Blick zu. »Du solltest doch aufpassen, dass niemand kommt«, flüsterte er.

Der Geist zog eine Schnute. »Ach, dafür bin ich gut genug? Ihr hört sonst auch nicht auf mich. Außerdem *habe* ich Euch gerade gewarnt ... Und jetzt verdreht nicht schon wieder die Augen!« Die Schritte kamen näher. Vorsichtig stand der Junge auf, lehnte sich an die Säule und linste an ihr vorbei. Direkt vor ihnen befanden sich Steinstufen, die zu einem geschmacklosen Thron aus schwarzen Knochen führten. Der Junge wollte wirklich nicht wissen, wem die mal gehört hatten. Er fand es einfach nur barbarisch – in welcher Zeit lebten sie? Aber so war sein Vater eben. Er liebte den dramatischen Auftritt und wollte Gästen direkt zu verstehen geben, mit wem sie es hier zu tun hatten.

Dann entdeckte er seine Schwestern, die geradewegs auf den Thron zusteuerten. Alexa, Tessa und Meg hatten hier eigentlich genauso wenig verloren wie er. Dennoch ließ sich Alexa, die Anführerin der Drillinge, wie selbstverständlich auf den Thron fallen, sobald sie ihn erreicht hatten. Meg setzte sich auf eine der Armlehnen, während Tessa auf einer Stufe stehen blieb und ihrer Fledermaus, die stets auf ihrer Schulter saß, etwas zu essen gab. Sie alle trugen schwarze Kleider und hatten Rabenfedern und kleine Knochen in ihre Haare geflochten.

»Warum hängen wir schon wieder hier rum, Alexa? Können wir nicht in Elysion vorbeischauen? Da wollen heute ein paar Helden nach dem Reitturnier eine Party schmeißen«, schlug Tessa vor.

Meg schnaufte. »Du weißt doch selbst, dass wir dort nicht willkommen sind. Außerdem möchte Dad nicht, dass wir uns mit den Schatten anfreunden.«

Alexa winkte ab. »Und wennschon, warum sollten wir dort auch hinwollen? Unser Platz ist im Palast. Vater ist nicht hier, irgendwer muss doch auf die Geschäfte Acht geben. Unser Brüderchen wird es mit Sicherheit nicht tun. Der kleine Hosenscheißer

hat sich in sein Zimmer verkrümelt. Wie üblich, wenn Mami nicht hier ist ...«

»Sagt mal, riecht es hier nach Hund?«, unterbrach Tessa Alexa, wofür sie einen bösen Blick ihrer Schwester erntete.

Der Junge verschwand sofort hinter der Säule, sein Brustkorb hob und senkte sich panisch.

»Du spinnst doch. Vielleicht solltest du deiner komischen Fledermaus mal wieder ein Bad einlassen«, entgegnete Alexa.

»He, lass Flederico aus dem Spiel!«, empörte sich Tessa.

»Nicht streiten, Leute!«, versuchte Meg noch zu schlichten, doch der Streit zwischen den Schwestern war bereits entbrannt.

Der Junge drehte sich zu Niko und Kerby um. »Das ist unser Zeichen, lasst uns abhauen!«

Glücklicherweise hatten Meg, Alexa und Tessa ihnen die Rücken zugewandt und bemerkten nicht, wie sie aus dem Thronsaal schlüpften. So leise sie eben schleichen konnten, tapsten sie hinter dem Knochenthron entlang und verließen den Thronsaal durch das Steinportal. Das Tor zeigte Schatten, die versuchten, nach jedem zu greifen, der hindurchtrat. Wenig einladend, wenn man den Jungen fragte.

Normalerweise war der Durchgang von mindestens zwei Gorgonen bewacht, Furcht einflößende Kriegerinnen mit Schlangenhaaren. Doch da der Herrscher dieses Reiches außer Haus war, waren die Posten verlassen.

»Das hätten wir geschafft, hier geht's lang!« Der Junge rannte

los. Kerby hechelte, Niko stöhnte, aber beide trabten hinterher. Zielstrebig nahm er nicht den Hauptweg, sondern bog in einen Nebengang ab, der stetig nach unten verlief. Der Junge hechtete um zahllose Ecken und warf sich in den Schatten der Wände, sobald er Schritte oder Flügelschläge hörte. Und immer wieder kämpfte er sich durch Spinnweben – hier musste dringend mal geputzt werden. Doch Zeit zum Verschnaufen blieb keine.

»Ah, ich verstehe, der junge Meister hat gar nicht vor, den Palast zu verlassen. Ihr wolltet von Anfang an nicht den direkten Weg durch das Haupttor nehmen, sondern lieber unerkannt durch die unterirdischen Gänge schleichen«, schlussfolgerte Niko, der von dem Unterfangen immer noch wenig begeistert war.

»Du hast es erfasst!«

Die Wege hier unten waren ein einziges Labyrinth. Die kahlen Gänge wurden in unregelmäßigen Abständen von spärlichem Fackellicht erhellt, und ab und zu grinste sie ein Totenschädel aus der Wand an. Sein Vater hatte nichts übrig für Dekoration und Inneneinrichtung. Hier hatten sich schon unzählige Seelen verirrt. Aber der Junge wusste, wo es langging.

Schließlich betätigte er etwas widerstrebend einen Knochenhebel an der Wand, wodurch der Fels vor ihnen laut quietschend zur Seite fuhr. Dahinter öffnete sich eine Höhle oder besser gesagt eine Grotte. Stalagmiten ragten aus dem Boden. Die Decke konnte man nicht sehen, sie verschwand irgendwo oben in der Dunkelheit. Feuchtigkeit und ein modriger Geruch schlugen der

Truppe entgegen. Beides stammte von dem Fluss, der sich durch die Höhle schlängelte. Das Ufer auf der anderen Seite konnte man nur erahnen.

Der Junge sah sich um und atmete erleichtert aus, als er ein schmales Boot am Ufer vertäut entdeckte. An dessen Bug hing eine Laterne, ansonsten war es unscheinbar – und vor allen Dingen unbewacht. Die Luft war rein. Und schon rannte er los, Niko und Kerby dicht hinter ihm. Der Geist schwebte lautlos hinterher, wohingegen der dreiköpfige Hund hechelte, während sie dem schwarzen Gewässer näher kamen. Das hier war nämlich kein gewöhnlicher Fluss, und man sollte es tunlichst vermeiden, dessen Wasser zu berühren. Zudem war Kerby furchtbar wasserscheu.

»Junger Meister, das ist wahrlich eine schlechte Idee!«, gab Niko zu bedenken.

Doch der hörte nicht zu und machte sich schon an dem Tau zu schaffen. Er zog und zerrte, doch der Knoten löste sich nicht. Kerby wurde immer unruhiger, seine Köpfe zuckten hin und her und er scharrte mit den Pfoten im Sand des Ufers.

»Der alte Fährmann wird Euch vierteilen, wenn er Euch mit seinem Boot erwischt«, sprach Niko weiter. »Oder Schlimmeres …«

»*Falls* er mich entdeckt«, korrigierte der Junge, dessen Wangen sich vor Anstrengung rot färbten, während er an dem Seil zog. »Komm schon, Kerby. Ich weiß, dass du kein Wasser magst, aber ich brauche dich hier mal.«

Und tatsächlich kam der Hund näher, beugte sich nach unten

und zerbiss das Seil mit seinen Reißzähnen. Zum Dank wuschelte der Junge ihm durchs Fell. In der Ferne waren Flügelschläge zu hören. Es blieb ihnen nicht viel Zeit.

»Mir nach!«, sagte der Junge, nahm Anlauf und sprang auf das Boot. Es schaukelte wild von einer Seite zur anderen, aber der Junge schaffte es, das Gleichgewicht zu halten und nicht das schwarze Wasser zu berühren, von dem ein seltsamer Dampf aufstieg. Erwartungsvoll blickte er zu seinen Freunden. Doch weder Niko noch Kerby machten Anstalten, es ihm gleichzutun.

»Worauf wartet ihr? Wir müssen los!«, zischte er ihnen zu.

Doch Niko schüttelte den Kopf. »Meister, ich kann diesen Fluss nicht überqueren. Unmöglich. Ich mag mir nicht ausdenken, was dann mit mir passieren wird.«

Der Junge ließ die Schultern hängen und wandte sich an den Hund. »Und was ist mit dir? Kerby, du bist mein bester Freund, du wirst doch mitkommen, oder?«

Doch der Hund begann, auf der Stelle zu tänzeln, und gab ein Winseln von sich. Währenddessen wurden die Flügelschläge lauter und hallten von den Wänden der Grotte wider. Jemand war auf dem Weg hierher, es blieb keine Zeit.

»Keine Panik, Kumpel, dir wird nichts passieren, na komm jetzt!«

Kerby ließ seine sechs Ohren hängen und winselte immer lauter. Währenddessen streckte der Junge beide Hände nach ihm aus. »Ich lass dich nicht zurück, du musst springen!«

Der Hund nahm scheinbar all seinen Mut zusammen, tastete mit den Vorderpfoten vorsichtig nach dem Boot und wollte zum Sprung ansetzen.

»He, was treibt ihr da? Geht von dem Boot weg!«, rief plötzlich eine Stimme zu ihnen herüber. Da war Ärger im Anflug.

Kerby erschrak so sehr, dass eine seiner Pfoten abrutschte und die Pranke für eine Millisekunde das pechschwarze Wasser berührte. Sofort schreckte der Hund zurück, jaulte auf und bellte so laut, dass wahrscheinlich jeder im Umkreis von einem Kilometer auf sie aufmerksam wurde. An der Stelle, wo Kerby das ölige Wasser berührt hatte, dampfte es noch mehr und begann sogar zu sprudeln. Dem Jungen drehte sich der Magen um, und er dachte schon, er müsse sich übergeben. Dabei fiel ihm auf, dass die Übelkeit nicht nur von den stinkenden Dünsten, sondern auch vom Schaukeln des Bootes herrührte. Kerby hatte dem Kahn aus Versehen einen Stoß gegeben, und nun trudelte der Junge mit dem Boot vom Ufer weg.

Als wäre das nicht schon genug, bog in diesem Moment ein Schwarm Harpyien um die Ecke. Und als sie ihn auf dem Fluss erblickten, begannen sie zu kreischen. Die fliegenden Wesen, deren Körper mit Federn bedeckt waren und denen breite Schwingen aus dem Rücken wuchsen, fuhren ihre Krallen aus und schossen im Sturzflug auf ihn zu. Der Junge ging seine Optionen durch: Er könnte sich mit einem Köpper in die Fluten retten, um den Klauen seiner Verfolger zu entgehen. Allerdings würde er dann

wahrscheinlich in der stinkenden dickflüssigen Brühe wie ein Stein untergehen. Oder er könnte einfach davonpaddeln, vielleicht war er mit dem Boot schneller als die geflügelten Wesen. Das war zwar extrem unwahrscheinlich, aber was blieb ihm sonst?

Als er sich in dem Boot umschaute, musste er zu seiner Enttäuschung feststellen, dass es keine Paddel gab. Natürlich nicht. Warum konnte auch nicht ein Mal in seinem Leben ein Plan glattgehen?

Er musste hier und jetzt seine Gabe einsetzen, seine göttliche Kraft. Er musste sich in irgendwas verwandeln. Der Junge konzentrierte sich, horchte in sich hinein und versuchte, nach der Kraft zu greifen, die seit seiner Geburt in ihm schlummerte. Er griff nach ihr, und wartete darauf, dass sich das vertraute Kribbeln einstellte – aber sie entglitt ihm. Sosehr er sich auch anstrengte, es passierte absolut gar nichts – das Wackeln des Bootes und die Schreie der Harpyien brachten ihn völlig aus dem Konzept. Sein Fluchtplan *Freiheit, ahoi!* war offiziell gescheitert.

Ihm blieb also nur noch eine letzte Möglichkeit: Er ließ die Schultern sinken und warf die Hände in die Luft. »Schon gut, schon gut, ich ergebe mich! Ihr habt mich erwischt – haha, das war nur ein kleiner Scherz unter Freunden.«

Doch die Harpyien ließen sich davon nicht stoppen, sie rasten weiter auf ihn zu. Der Junge warf sich also zum zweiten Mal an diesem Tag auf den Boden und drückte die Augen fest zu. Im nächsten Moment packten ihn Krallen am Hosenboden, und er

15

wurde in die Luft gehoben. Der Junge wollte gar nicht hinsehen, während die Harpyien zischten und der Stoff an seinem Po riss. Dann ließen ihn die Krallen plötzlich los, er segelte durch die Luft und landete unsanft im Sand am Ufer. Hey, er war zumindest nicht ins Wasser gefallen, und die Krallen hatten ihn nicht zerkratzt.

Der Junge öffnete die Augen, zwischen seinen Zähnen knirschte Sand, er spuckte aus. Vor ihm stand eine gekrümmte Gestalt, die in eine Kutte gehüllt war. Ihr Gesicht wurde von einer ebenso schwarzen und schäbigen Kapuze verdeckt. In der Hand hielt sie ein Ruder aus purem Gold. Es war Charon der Fährmann. Und er wirkte alles andere als glücklich.

DER HERRSCHER
DER UNTERWELT

*D*ir ist klar, dass ich Hades davon berichten muss, dass du mein Boot stehlen wolltest, um über den Styx aus der Unterwelt zu entkommen, Zagreus?«, donnerte die Stimme des Fährmanns.

Charon zog Zag am Ohr durch das Höhlensystem unterhalb des Hadespalasts bis in sein Zimmer. Auf einen Fingerzeig von ihm schwangen die Flügeltüren krachend auf. Dann ließ er Zags Ohr los und verpasste dem Jungen einen Stoß, der ihn in sein Zimmer taumeln ließ.

Peinlich berührt rieb der sich über das Ohr und schob die Unterlippe vor. Kerby tauchte hinter Charon mit eingezogenem Schwanz und hängenden Köpfen auf und drückte sich möglichst unauffällig an ihm vorbei, während Niko einfach durch die Wand schwebte.

»Tut mir leid, Charon. Ich hätte es mir ja nur ausgeliehen«, murmelte Zag.

»Pah, natürlich hättest du das! Falls du nicht einfach im Styx ertrunken wärst oder mein geliebtes Boot versenkt hättest! Du hast rein gar nichts auf dem Totenschiff verloren – lass dir das eine Lehre sein.« Der Fährmann bedachte zuerst Zag, dann dessen Lehrer Nikodemus mit einem vernichtenden Blick, bevor er sich umdrehte und Richtung Tür schritt. Wahrscheinlich direkt zu Zags Vater Hades, dem Herrscher der Unterwelt!

In seiner Verzweiflung griff Zag nach Charons Gewand. »Erzähl es ihm bitte nicht!«

Doch der Fährmann riss ihm den Stoff aus der Hand und schüttelte den Kopf. Fast schon schwang so etwas wie Bedauern in seiner Stimme mit, als er sagte: »Tut mir leid, Zagreus, aber das hast du dir mal wieder selbst zuzuschreiben.«

Und damit rauschte er aus dem Zimmer. Genauso krachend, wie die Türen aufgeflogen waren, schlugen sie nun hinter ihm zu.

Für eine Sekunde schaute Zag noch auf die Tür, dann stieß er einen Seufzer aus und ließ sich rücklings wie ein Stern auf sein Bett fallen – alle viere von sich gestreckt.

»Das gibt's doch nicht! Der Plan *Freiheit, ahoi!* war wasserdicht – wie konnte er so schiefgehen?«

Niko räusperte sich und schwebte zum Fußende des Bettes, wo er sich niederließ und bedächtig die Hände in seinem Schoß faltete. »Nun ja, er hatte schon ein paar Lücken. Ich meine, wo hättet Ihr überhaupt hingewollt, wenn Ihr es auf die andere Seite des Styx' geschafft hättet? Ganz davon abgesehen, dass Ihr nichts

zum Steuern dabeihattet, das Boot an Charons Willen gebunden ist und die Harpyien Euch so oder so erwischt hätten?«

Zag blickte verwirrt auf. »Was? Das Boot ist an seinen Willen geknüpft? Wieso hast du mir das nicht vorher gesagt?«

Der Schatten zuckte mit den Schultern. »Nun, Meister, Ihr habt Euren großartigen Plan weder mit mir geteilt noch nach meiner professionellen Einschätzung gefragt.«

Zags nächster Seufzer war noch lauter als der erste. Dann schnappte er sich ein Kissen, legte es auf sein Gesicht und schrie hinein.

Als er fertig war, warf er das Kissen quer durch das Zimmer. Es trudelte durch die Luft und traf Kerby, der neugierig vom Kissen zu seinem Freund blickte, wie ein Wattebausch.

»'Tschuldige, Kumpel, war nicht so gemeint«, nuschelte Zag.

Doch Kerby kam trotzdem zu seinem Bett und rieb einen seiner Köpfe tröstend an Zags Wange.

»Also zurück zu meiner Frage«, mischte sich Niko wieder ein. »Wohin hättet Ihr gewollt, wenn Ihr es auf die andere Seite geschafft hättet?«

Zag zuckte mit den Schultern. »Na ja, weg halt. Weg von diesem furchtbaren Ort. Ich hasse die Unterwelt. Ich hasse alles hier. Alles ist so dunkel und düster, und immerzu die Schreie der Seelen. Überall, wo man hinschaut, nur Tod und Verderben. Dazu eine Inneneinrichtung aus der Hölle. Wer will das bitte schön? Dann noch meine Schwestern, von denen will ich gar nicht erst

19

anfangen … Und all diese göttlichen Verpflichtungen! Ich habe niemanden, überall ist es besser als hier!«

Nikos Schultern sackten kaum merklich nach unten, und auch Kerby wirkte geknickt.

»Ach, kommt schon, ihr wisst, wie ich das meine«, versuchte es Zag.

Doch Niko stand auf und schüttelte den Kopf. »Ob es Euch gefällt oder nicht, Meister, Ihr seid der Sohn von Hades und werdet eines Tages selbst der Gott der Unterwelt sein. Ihr könnt nicht vor Eurem Schicksal davonlaufen … Oder sollte ich besser sagen, vor Eurem Vater?«

Bevor Zag zu einer Erwiderung ansetzen konnte, klopfte jemand an seine Zimmertür.

»Meister Zagreus, Euer Vater ist zurück und wünscht, Euch zu sehen«, drang die eiskalte Stimme einer von Hades' Kriegerinnen zu ihnen.

Zags Wut verpuffte, und sein Herz rutschte ihm in die Hose. So früh hatte er nicht mit seinem Vater gerechnet. Doch vor Niko und Kerby versuchte er, eine tapfere Miene aufzusetzen. »Na, dann bringe ich es wohl lieber hinter mich.«

Zag fühlte sich, als wäre er nicht auf dem Weg zum Thronsaal, sondern geradewegs auf dem Weg zum Tartaros – dem Gefängnis

der Unterwelt, wo die Seelen von Verbrechern landeten und unsagbare Strafen auf sie warteten: bis in alle Ewigkeiten einen Stein den Hügel hochschubsen, damit er auf der anderen Seite wieder hinunterrollt; immerwährenden und unstillbaren Durst und Hunger erleiden; einen schwebenden Fels über dem Kopf, der ständig droht, einen zu zermalmen; hungrige Geier, die einen bei lebendigem Leib verspeisen … Die Liste war lang und kreativ, das musste Zag seinem Vater lassen. Außerdem lauerten im Tartaros die furchtbaren Titanen darauf, eines Tages auszubrechen und den Berg Olymp, den Wohnort der griechischen Götter, ins Unheil zu stürzen – das hatte zumindest sein Lehrer Niko behauptet. Nur der mächtigste Gott von allen, Zeus der Göttervater, besaß einen Schlüssel für ihr Gefängnis.

Selbst die Dienerschatten, die im Palast ihrer trostlosen Arbeit nachgingen, schienen Zag mitleidig hinterherzublicken. Offenbar hatte sich sein kleiner Ausbruchsversuch herumgesprochen. Es könnte auch daran liegen, dass es nicht sein erster gewesen war … Zag hatte sich einen Ruf erarbeitet.

Die Kriegerin hatte ihn bisher keines Blickes gewürdigt. Sie war eine Gorgo, eine Furcht einflößende Bewohnerin der Unterwelt. Ihre Haare, die in Schlangenköpfen endeten und unter ihrem Helm hervorlugten, beäugten ihn feindselig und zischten. Leider hatte er es sich mit den Kriegerinnen verscherzt, nachdem er ihre Räumlichkeiten mit Spiegeln, ein paar Blumen und besten Absichten hatte verschönern wollen (die Liebe für Blumen hatte

21

er wohl von seiner Mum Persephone). Natürlich wusste er, dass der Anblick der Schlangenhaare durch einen Spiegel harmlos war und davon niemand zu Stein erstarren würde. Blöderweise hatte Zag vergessen, dass Gorgonen von ihrem eigenen Spiegelbild Haarausfall bekommen. Nun ja, die Schlangenhaare der Kriegerin waren recht kurz …

Vor dem Thronsaal blieb die Gorgo stehen, trat zur Seite und bezog wieder ihren Posten neben dem Tor.

»Der Herrscher der Unterwelt erwartet Euch bereits«, verkündete sie. Eine Schlange streckte ihm die gespaltene Zunge raus. Zag zog eine Grimasse.

Ab hier war er auf sich allein gestellt. Mit hängenden Schultern und eingezogenem Kopf schlurfte er in den Saal, seine Schritte hallten dumpf von den Wänden und Säulen wider. Zag wagte es nicht, den Blick zu heben, bis er vor dem Knochenthron stand.

Sein Vater trug ein dunkles Gewand, das wie Wasser über den Thron schwappte und sich in Wellen bewegte. Um den Stoff waberte Nebel – Zag glaubte, dass das seiner Erscheinung einen gruseligen Effekt verleihen sollte, was es definitiv auch tat. Es roch nach Tod, aber vielleicht bildete Zag sich das auch nur ein, oder der Geruch kam aus der Küche vom letzten Abendessen. Er schluckte.

Dabei sah Hades ihn nicht mal an, er war in eine Schriftrolle vertieft – wahrscheinlich der Wochenbericht über die neuen See-

22

len im Totenreich. Zag musterte seinen Vater: Bis auf das schwarze Haar hatten sie keinerlei Ähnlichkeit. Im Gegensatz zu ihm hatte sein Vater die Gestalt eines Riesen. Rechts neben dem Knochen-thron lag auf einem Podest der Zweizack. Er war, wie konnte es anders sein, schwarz wie die Nacht und aus glattem Metall. Doch ein leichtes Flimmern und Glitzern verriet, dass eine weit größere Macht in dem zweizackigen Speer schlummerte. Eine Macht, mit deren Hilfe sein Vater ganze Heere bezwungen und an der Seite seiner Brüder, Zeus und Poseidon, die Titanen besiegt hatte.

Vorsichtig räusperte sich Zag.

Keine Reaktion.

Zur anderen Seite des schwarzen Knochenthrons befand sich ein weiterer, kleinerer Thron, der nichts mit dem seines Vaters gemein hatte. Er sah aus, als wäre er direkt aus einem Baum gewachsen, Efeu rankte daran hoch, und hier und dort blühten sogar Narzissen. Zag hatte keinen Schimmer, wie bei dem grünen Fackellicht irgendwas gedeihen konnte. Doch schließlich saß seine Mutter Persephone darauf, die Göttin des Frühlings und der Fruchtbarkeit. In ihr langes braunes Haar waren Goldfäden eingeflochten, und sie trug einen Blumenkranz aus schneeweißen Kirschblüten. Seine Mutter passte so gut in die Unterwelt wie eine bunte Blumenwiese auf einen Friedhof. Sie lächelte ihm auf-munternd zu und versuchte, ihren Mann auf Zag aufmerksam zu machen, indem sie eine Hand auf dessen Arm legte.

Endlich schaute Hades von der Rolle hoch. Sofort zogen sich

seine Augenbrauen unheilvoll zusammen, und sein Blick traf Zag wie ein Pfeil. Aus seinen Händen sprang eine Stichflamme, die die Schriftrolle augenblicklich in Asche verwandelte.

»Wie überaus freundlich von dir, dich hier einzufinden.« Sein Vater musste die Stimme nicht mal heben, damit sie wie ein Donnergrollen durch den Thronsaal rollte.

Unwillkürlich zuckte Zag zusammen.

»Du wolltest mich sprechen?«, fragte er zaghaft. Auch wenn er wusste, worum es ging, setzte Zag seinen besonders unschuldigen Hundeblick auf. Den hatte er sich bei Kerby abgeschaut, wenn der mal wieder etwas angestellt hatte. Allerdings zog der Blick nicht bei seinem Vater, wie Zag feststellen musste.

»Ich bin verwirrt, vielleicht kannst du mir ja weiterhelfen. Seit wann ist es dir gestattet, dich durch die unterirdischen Gänge des Palasts zu schleichen?«

»Ist es nicht«, murmelte Zag zerknirscht.

»Und seit wann hast du die Erlaubnis, das Boot von Charon dem Fährmann zu steuern?«

Zag schluckte. »Die habe ich nicht.«

»Aha«, machte Hades nur und legte den Kopf schief. In seinen Augen funkelte es gefährlich. »Und wie kannst du es wagen, auch nur zu versuchen, der Unterwelt und deinen Verpflichtungen zu entkommen?«

»Zag ist noch ein Kind«, ging seine Mum dazwischen. »Natürlich möchte er wissen, wie es außerhalb der Unterwelt ist.«

»Nur ein Kind? Persephone, ich bitte dich!«, stieß Hades aus. »Er wird mal der Herrscher der Unterwelt sein! Das ist seine Bestimmung!«

Zag schrumpfte noch mehr in sich zusammen und überlegte, ob er es wohl schaffen würde, sich in eine Maus zu verwandeln und davonzuhuschen. Doch die Miene seines Vaters riet ihm, es lieber nicht zu versuchen.

Hades stieß sich von seinem Thron ab und baute sich zu seiner vollen Größe auf. Sein Schatten fiel über Zag. Langsam schritt er die Stufen des Knochenthrons hinab, die Hände hinter dem Rücken verschränkt. Zag schluckte zum hundertsten Mal, er hatte schon gar keine Spucke mehr im Mund.

Dicht vor ihm blieb Hades stehen, sodass Zag den Kopf in den Nacken legen musste, um zu ihm hinaufzuschauen. Meinte er das nur, oder roch sein Vater wirklich nach Tod? Oder war es ein sehr starkes Parfüm?

»Worauf wartest du? Verwandle dich in einen Vogel und flieg davon – hinaus in die Welt. Du bist mein Sohn, es sollte dir ein Leichtes sein.«

Damit hatte Zag nicht gerechnet. War das ein Test? Seine Verwandlungskünste waren leider relativ bescheiden, vor allem, wenn er unter Druck gesetzt wurde. Auf Charons Boot hatte es ja auch nicht geklappt.

Hades hob eine Augenbraue. »Ich warte.«

Also schön, Zag konzentrierte sich. Dafür schloss er die Augen

25

und atmete tief durch. Er stellte sich einen mächtigen Adler vor. Mit weiten Schwingen und einem gefährlich spitzen Schnabel. Der würde seinen Vater bestimmt aus den Sandalen hauen. Zag versuchte, nach der Kraft zu greifen. Seine Zehen und Fingerspitzen begannen zu kribbeln, und seine Nase juckte. Dann sah er durch seine geschlossenen Lider einen Blitz. Zag öffnete die Augen – und schlug mit den Flügeln. Es hatte funktioniert! Zag war ein wahrhaft großer Gott! Ein Gestaltwandler, wie er im Buche stand! Stolz blickte er zu seinem Vater, doch der schüttelte nur den Kopf.

»Du bist eine Schande für die Unterwelt«, raunte er.

Verwirrt schielte Zag auf seinen Schnabel, der war zugegebenermaßen erstaunlich kurz. Und als er an sich hinunterblickte, bemerkte er, dass sein Körper ganz schön rund für einen Adler war und seine Beinchen etwas stummelig geraten waren. Außerdem leuchteten seine Federn pink. Aber es würde schon gehen. Zag lief los, wedelte mit den Flügeln, hob ab, flog … und krachte ein paar Meter weiter wieder auf den

Boden. Dabei entfuhr ihm ein verblüfftes Gackern. Ein Gackern? Ein mächtiger Adler gackerte doch nicht.

Da dämmerte es ihm: Er war kein Adler – er war ein Huhn! Und ein pinkes noch dazu.

Aus den Augenwinkeln sah Zag, wie Persephone von ihrem Thron aufsprang und zu ihm eilte. »Immerhin hat er sich in einen Vogel verwandelt«, versuchte sie es.

Peinlich berührt verwandelte sich Zag wieder zurück in seine schmächtige Gestalt und rappelte sich vom Boden auf. Er fühlte, wie seine Wangen glühten. So viel zum mächtigen Adler.

»Wirklich eine Schande«, wiederholte Hades. »Und du hast es nur deiner Mutter zu verdanken, dass ich dich nicht sofort ins Sommercamp im Tartaros schicke, wo du endlich lernen würdest, wie man Verantwortung übernimmt. Und wo du in Ruhe über deine Taten nachdenken könntest.«

Alles, aber bitte nicht der Tartaros, dachte Zag beklommen. Da würde er lieber ein ausgiebiges Bad im Styx nehmen.

»Du wirst stattdessen den Stalldienst deiner Schwestern übernehmen und dich die nächsten Monde um das Ausmisten des Harpyien-Horsts kümmern.«

Zag schnappte nach Luft, das war nicht fair! Seine Schwestern zwangen ihn so schon ständig dazu, irgendwas für sie zu tun, und die Harpyien stanken wirklich unbeschreiblich. Doch das Funkeln in Hades' Augen brachte ihn sofort zum Schweigen. Es hatte keinen Sinn. Das hatte Zag sich selbst zuzuschreiben, und wahr-

scheinlich musste er wirklich dankbar dafür sein, dass seine Strafe so gering ausfiel.

»Haben wir uns verstanden?«

Zag kniff die Lippen zusammen und nickte.

»Enttäusche mich ja nicht noch einmal.«

Da ertönte ein Horn, das durch die gesamte Unterwelt scholl.

»Glück gehabt, Zagreus. Los, mach dich auf den Weg und geh deinen Pflichten nach, so, wie es sich für den Prinzen der Unterwelt gehört.«

Zag atmete tief durch. Es war nicht irgendein Horn, sondern Hermes' Horn. Hermes der Götterbote war gekommen.

HERMES
DER GÖTTERBOTE

Eigentlich konnte Zag die Besuche von Hermes nicht leiden. Der Götterbote brachte meistens keine guten Nachrichten vom Olymp, und außerdem hatte er immer eine Fuhre neuer Seelen im Schlepptau.

Leider war es Zags Aufgabe, frische Schatten in Empfang zu nehmen, einzuweisen und mit den Regeln der Unterwelt vertraut zu machen. Die meisten Schatten, also die Seelen Verstorbener, waren vor allem verwirrt, wenn sie hier unten ankamen. Klar, der Großteil von ihnen war alt und hatte mit dem Tod gerechnet. Aber wenn man dann vor dem Styx stand und Charon eine Goldmünze von jedem einsammelte, der hinüberwollte, war es doch etwas anderes – dafür hatte Zag vollstes Verständnis.

Heute wusste er nicht, was ihn am Eingang zur Unterwelt erwarten würde, aber Hermes hasste es, wenn er zu spät kam. Immerhin hatte der Götterbote ihn vor einer weiteren Standpauke

seines Vaters bewahrt. Niko hatte vor dem Portal des Thronsaals auf Zag gewartet, und gemeinsam eilten sie zum Ufer des Flusses Styx unweit von Kerbys Hundehütte. Kerby war nämlich der Wächter des unterirdischen Reiches. Seine Aufgabe bestand darin, den Eingang vor ungebetenen Gästen zu beschützen – und andersherum niemanden rauszulassen. Und bei Kerbys Anblick schlotterten wirklich den härtesten Frauen und Männern die Knie. Wobei Zag wusste, dass der Spruch »Hunde, die bellen, beißen nicht« auf Kerby zu einhundert Prozent zutraf.

Als Zag endlich am Ufer ankam, hatte Kerby den Schwanz eingezogen und die sechs Ohren angelegt.

»Elender Köter, mach gefälligst deinen Job!«, keifte der Götterbote den Hund an. Ein goldenes Licht schien ihn zu umgeben, das seinen muskulösen Körper und die goldenen Locken umrahmte – er sah aus wie eine strahlende Heldenstatue.

»Zagreus, da bist du ja endlich! Wie kannst du mich so lange warten lassen? Ich bin Hermes der Götterbote, Sohn des Zeus, Gott der Reisenden und der Redekunst, Führer der Seelen ins Jenseits. Man lässt mich nicht warten!«

»Entschuldige, Hermes, ich musste noch etwas erledigen, und ich möchte deine Zeit auch nicht übermäßig in Anspruch nehmen. Lass uns lieber mit dem Geschäftlichen weitermachen. Je schneller wir hier fertig sind, desto eher kannst du zurück auf den Olymp und weitaus wichtigeren Angelegenheiten deine Aufmerksamkeit schenken.«

Das schien selbst Hermes einzuleuchten. »Na schön. Charon, lass die Seelen aussteigen.«

Der alte Fährmann, der noch immer auf seinem Kahn stand, schüttelte unmerklich den Kopf und machte Platz für die Neuankömmlinge, die von seinem Boot ans Ufer strömten.

Die Schatten waren aufgebracht, manche weinten, andere schrien und klagten. Es gehörte zum Protokoll, ihnen einen Willkommensdrink anzubieten und sie damit etwas aufzuheitern. Dafür teilten Dienerschatten auf Zags Kommando Kelche aus Obsidianglas aus, in denen sich Wasser aus der Lethe befand. Die Lethe war einer der vielen Flüsse, die sich durch die Unterwelt schlängelten. Das Getränk wirkte ungemein beruhigend, besser als jeder Kamillentee, wusste Zag, auch wenn er selbst noch nie davon getrunken hatte. Die neuen Schatten hörten auf zu schreien und zu weinen und starrten Zag hohl an. Ihm war es ein persönliches Anliegen, den Toten den Übergang in die Unterwelt so angenehm und unterhaltsam wie möglich zu gestalten. Niko hatte von irgendwoher ein Klemmbrett erscheinen lassen und nickte ihm auffordernd zu.

»Ähm, ja also, willkommen in eurem neuen Zuhause: der Unterwelt – das Reich des großen Herrschers Hades, zu dessen Ehren ihr hier auf alle Ewigkeiten euer Dasein fristen dürft ... Öhm ...« Zag räusperte sich.

Niko beugte sich zu ihm. »Die Regeln ...«, flüsterte er.

»Ah, genau, kommen wir zu den Regeln. Eigentlich sind es

31

nur drei: Erstens, in der Unterwelt wird nicht gerannt. Zweitens, Hades ist der größte Gott unter der Erde, ihm gebühren Dank und Lobpreisung. Drittens, Mittagessen gibt es täglich um zwölf ...« Stille. »Kleiner Scherz, Schatten essen ja gar nichts«, fügte Zag hinzu.

Doch niemand lachte, Hermes schnaubte. Nervös wischte Zag sich die Haare aus der Stirn.

»Ehm, ich meinte natürlich Regel Nummer drei: Es ist Schatten absolut verboten, die Unterwelt zu verlassen. Noch Fragen?«

Niemand hatte Fragen, die Schatten blickten Zag nur weiter dumpf an und flackerten bei jedem Luftzug wie Kerzenflammen im Wind. »Oookay, dann wird euch mein Assistent Niko nun in drei Gruppen einteilen. Die Schatten, denen Elysion vorherbestimmt ist, die Partymeile, wo alle Heldinnen und Helden das ewige Leben feiern, folgen bitte Hieronymus, dem Schatten dort drüben. Zum Asphodeliengrund geht's da lang, ein lauschiges Feld voller Asphodelenblumen und ... recht viel Nebel. Und diese zauberhaften Damen«, Zag deutete auf seine Schwestern, die wie aus dem Nichts plötzlich erschienen waren, »werden euch zum Tartaros führen, wenn ihr zu euren Lebzeiten nicht artig wart. Die Strafen werden dann vor Ort verteilt. Hals- und Beinbruch wünsche ich.« Wieder lachte niemand.

»Gut, das war's dann von mir! Und noch mal herzlich willkommen und einen angenehmen Aufenthalt!« Puh, das war anstrengend gewesen, aber Zag wurde von Mal zu Mal besser. An

seinen Witzen zur Auflockerung sollte er noch etwas feilen. Niko blickte kurz von seinem Klemmbrett hoch und zeigte ihm einen Daumen nach oben.

»Na endlich, das hat ja wieder ewig gedauert. Das sollten dann alle für heute gewesen sein«, meinte Hermes nach einem fachmännischen Blick über den Strom aus Schatten. »Als hätte ich sonst nichts Besseres zu tun …« Er schüttelte genervt den Kopf.

»Alles klar, dann sehen wir uns morgen! Ich freu mich schon …« Zag wandte sich um und verdrehte die Augen. Es war ja nicht so, dass Hermes der Einzige war, der noch andere Verpflichtungen hatte … Doch weit kam er nicht.

»Moooment, Zagreus, leider hat mir der große Göttervater Zeus noch eine Nachricht für den Herrscher der Unterwelt mitgegeben.« Zags Schultern sackten nach unten. »Sie ist von äußerster Wichtigkeit, deswegen wurde sie mir anvertraut.«

»Kein Problem, ich gebe sie Vater«, bot Zag an. Er wollte den Typ endlich loswerden. Er griff nach der Papyrusrolle, die Hermes aus seinem Gewand hervorgeholt hatte, doch der Götterbote zog sie blitzschnell zurück.

»Hast du mir nicht zugehört? Zeus hat sie *mir* anvertraut, sie ist von *äußerster* Wichtigkeit. Ich werde sie ihm als *Götterbote* natürlich *persönlich* übergeben.« Dabei warf er seine Mähne nach hinten, sodass die Locken golden im Licht tanzten, und stemmte eine Hand in die Hüfte.

Zag seufzte und ergab sich seinem Schicksal. »Wenn du meinst.

33

Folge mir einfach ...« Er trottete voran, während Hermes ihm zum tausendsten Mal die Geschichte erzählte, wie er an einem einzigen Tag nicht nur das Alphabet, sondern auch das Boxen erfunden hatte. »Das hättest du sehen sollen. Und ich hab noch zu Hephaistos gesagt ...«

Nach Minuten, die sich wie Stunden angefühlt hatten, und weiteren endlosen Geschichten über Hermes' große Heldentaten hatten sie den nebelverhangenen Asphodeliengrund überquert und ihr Ziel endlich erreicht. Zag hatte sich lange nicht mehr so sehr über den Anblick des Hadespalasts gefreut. Die Rettung nahte, bald war er Hermes los. Vor dem Palast verlief ein Lavasee, der durch ein raffiniertes Röhrensystem für eine äußerst angenehme Fußbodenheizung im Palast sorgte, aber auch einen leichten Schwefelgeruch mit sich brachte. Manche würden auch sagen: Es stank hier gewaltig nach Pups.

An normalen Tagen versuchte Zag, das Haupttor zu meiden und durch Tunnel und Seitenausgänge unentdeckt aus dem grauen Gemäuer raus- und wieder reinzuschlüpfen. Aber er wusste, dass Hermes den großen Auftritt liebte und ihn sich bestimmt nicht nehmen lassen würde.

Das gigantische Tor aus Vulkangestein öffnete sich ächzend. Offenbar hatte Hermes keine Lust, darauf zu warten, dass Basaltstufen aus der Lava emporwuchsen und eine Art Treppe zum Tor bildeten. Er flog einfach durchs Tor, das wie der Schlund eines Titanen aussah, in den Palast. Wie gebannt starrte Zag dabei auf

Hermes' Sandalen mit den kleinen Flügeln an den Fersen, die wie wild schlugen, um den Gott in der Luft zu halten. Wenn Zag solche Schuhe hätte …

Drei Stufen auf einmal nehmend rannte Zag Hermes hinterher. Erst im Thronsaal hatte er ihn wieder eingeholt. Zag war völlig aus der Puste und musste sich auf seinen Knien abstützen.

Und sein Vater sah alles andere als begeistert aus. Hermes brachte selten gute Nachrichten, und so war es leider auch heute. Die Papyrusrolle, die Hermes Zag am Ufer des Styx unter die Nase gehalten hatte, schwebte bereits durch den Raum und entfaltete sich in der Luft vor dem Knochenthron.

Oh-oh, das konnte nur eins bedeuten …

»Liebstes Brüderchen!«, dröhnte die Stimme durch den Thronsaal. Hades' Miene verfinsterte sich.

»Du weißt, wie sehr ich deine Arbeit hier unten schätze. Männer wie dich brauchen wir, damit wir Götter auf dem Berg Olymp den wirklich wichtigen Aufgaben nachkommen können. Es ist nicht leicht, die Erwartungen und Hoffnungen zu erfüllen, die die Menschheit in einen steckt. Jeder Gott auf dem Olymp will schließlich den Lobpreisungen und Opfergaben gerecht werden, die uns Tag für Tag dargeboten werden.«

Zag schielte von der Schriftrolle zu seinem Vater.

»Nun aber zu dir. Mich haben Beschwerden erreicht, dass die Menschen mit deinem Reich sehr unzufrieden sind. Laut Umfragen ist der Ruf der Unterwelt so schlecht wie seit Hunderten von Jahren nicht

35

mehr. Helden wie Odysseus und Theseus haben sich nach ihrem letzten
›Besuch‹ über den schlechten Zustand deines Reiches beschwert. Es
gibt sogar das Gerücht, dass einige Schatten einen Betriebsrat gründen
wollen, um gegen die Bestrafungen im Tartaros vorzugehen. Das kann
ich als allmächtiger Göttervater nicht akzeptieren. Das wirst du ver-
stehen, Brüderchen. Mir scheint, dass du dein Reich nicht unter Kon-
trolle hast. Das muss sich bessern, sonst muss einer meiner Söhne dein
Geschäft übernehmen. Der Götterbote hat sich dafür schon empfohlen.
Und jetzt genug des Tadels, mach mir keine Schande, Brüderchen, und
grüß Persephone.«

Ein unerträglich schiefes Kreischen ertönte, wie wenn jemand
mit Fingernägeln über eine Schiefertafel fuhr – in dem Fall waren
es Hades' Fingernägel, die Furchen in den Knochenthron gruben,
wobei sogar kleine Funken sprühten. Zag musste sich die Ohren
zuhalten. Danach herrschte Stille. Vollkommene Stille.

Der Papyrus rollte sich zusammen und flog zurück zu Hermes,
der die Rolle aus der Luft fischte und mit einer Verbeugung wieder
in seinem Gewand verstaute.

»Der allmächtige Göttervater hat gesprochen«, verkündete er
und rammte seinen Stab auf den Steinboden.

Zag wartete gespannt darauf, dass Hades Hermes mit einem
Feuerball aus dem Palast schießen würde. Doch zu seiner Überraschung entspannte sich die Miene seines Vaters plötzlich, als
wäre nichts gewesen.

»Mein lieber Hermes, ich danke dir, dass du mir die Nachricht

meines Bruders überbracht hast. Deine Dienste werden nicht länger benötigt.«

Damit war Hermes entlassen. Eine Augenbraue zuckte, offenbar war er es nicht gewohnt, dass man ihn einfach rauswarf. Die kleinen Flügel an seinen Sandalen begannen wieder zu surren. Zag konnte den Blick nicht von ihnen abwenden. Und da ging ihm ein Licht auf: Die Sandalen konnten sein Ticket aus der Unterwelt sein. So eine Chance würde er kein zweites Mal bekommen.

Hermes deutete eine Verbeugung an und wollte gerade davonfliegen, um diesen trostlosen Ort schnellstmöglich zu verlassen, da tat Zag einen Schritt nach vorn und wandte sich an seinen Vater.

»O großer Hades, der Götterbote hat einen weiten Weg hinter sich, um uns nicht nur neue Seelen, sondern auch diese Nachricht sicher zu überbringen. Wäre es uns da nicht eine Freude, ihn in den Genuss der unterweltlerischen Gastfreundschaft kommen zu lassen und ihn zu einem unserer berühmten Festessen einzuladen?«

Die Festessen in der Unterwelt, falls es sie überhaupt mal gegeben hatte, waren mit Sicherheit nicht berühmt, höchstens berüchtigt. Und von einer unterweltlerischen Gastfreundschaft hatte wohl auch noch keine Seele je gehört.

Allerdings ließ das Hermes sofort aufhorchen, für solcherlei Schmeicheleien war er besonders empfänglich. Hades hingegen blickte seinen Sohn an, als wäre der übergeschnappt. Seine Augen

verengten sich zu Schlitzen und versprachen unendliche Qualen für diesen furchtbaren Vorschlag. In der Unterwelt hatte es seit Ewigkeiten keine Gäste gegeben, außerdem hatte er wohl wenig Lust, mehr Zeit als nötig mit dem Götterboten zu verbringen. Anders als seine Frau.

»Das ist eine großartige Idee, Zag!«, meldete sich Persephone zu Wort, die die ganze Zeit geschwiegen hatte. Sie sprang von ihrem Blütenthron auf und eilte zu Hermes, der wieder auf dem Boden gelandet war.

»Hermes und ich hatten seit Ewigkeiten keine Zeit mehr für einen kleinen Plausch. Es wäre schön, mal wieder Neuigkeiten vom Olymp zu hören – wie geht es meiner Mutter Demeter?«

Zag wusste, dass seine Mutter und Hermes irgendwie verwandt waren, schließlich waren das gefühlt alle Götter untereinander. Und wieder einmal hatte sie, ob absichtlich oder nicht, Zags Kopf aus der Schlinge gezogen.

Hades rieb sich mit den Händen über die Schläfen und schien einzuknicken, schließlich konnte er seiner Frau nicht alle Wünsche abschlagen. »Natürlich, Liebling, es wäre uns eine große Freude. Hermes, sei unser Gast für diesen Abend.«

»Ach was, ich will keine Umstände machen«, versuchte Hermes, die Einladung abzulehnen, obwohl seine Augen verräterisch leuchteten.

»Doch, doch, ich bestehe darauf, es wäre mir eine Ehre«, stieß Hades zwischen zusammengebissenen Zähnen hervor, woraufhin

Hermes sofort einwilligte und dem Herrscher der Unterwelt sein breitestes Lächeln schenkte.

Zag war voller Bewunderung für seinen Vater, wie er so viel Selbstbeherrschung an den Tag legen konnte. Er machte sich eine mentale Notiz, seinem Vater bis zum Abendessen lieber aus dem Weg zu gehen.

FESTESSEN UND
FLÜGELSCHUHE

Mission *Auf und davon* lief genau nach Plan. Am Abend spielte eine Band aus besonders trübselig dreinblickenden Schatten Lieder auf einer Art Gitarre namens Lyra, während Dienerschatten stumpf um die lange Tafel schwebten, Teller anrichteten und Getränke nachschenkten.

»Oh ja, es ist köstlich«, bedankte sich Hermes auf Nachfrage – sein Gesicht sagte allerdings etwas ganz anderes. Bisher hatte er nur lustlos mit der Gabel auf seinem Teller herumgestochert und noch keinen Bissen probiert. Als Vorspeise gab es Feuerskorpion in Aspik – die absolute Leibspeise der Furien. Sie steckten bis zu den Ellbogen in einer Masse, die entfernt an Wackelpudding erinnerte, und stocherten sich mit Giftstacheln zwischen den Zähnen herum.

»Denkt an eure Manieren, Mädchen«, tadelte ihre Mutter sie.

Doch sie verzogen nur die Gesichter und futterten ungerührt weiter. Flederico bekam ein paar Skorpionschalen ab, die Tessa der Fledermaus zuwarf. Zag fragte sich, seit wann Tiere, die nicht zum Verzehr freigegeben waren, an der Tafel erlaubt waren. Schließlich musste Kerby auch draußen bleiben.

Hermes saß auf dem Ehrenplatz zu Hades' Rechten und starrte die drei Furien neben sich mit unverhohlenem Ekel an – zumindest waren Zag und er einmal einer Meinung.

»Ist es wahr, dass die Götter auf dem Olymp nur Nektar trinken und Ambrosia essen?«, fragte Zag, um das Gespräch in eine unverfängliche Richtung zu lenken. Außerdem war er auch ein bisschen neugierig, denn in der Unterwelt wurde gegessen, was auf den Tisch kam und nicht bei drei in irgendwelchen Felsritzen verschwunden war.

»So ist es ... Und bis zum heutigen Tage dachte ich, dass das alle Götter tun.« Dabei ließ Hermes seinen angewiderten Blick über die Tafel schweifen, auf der sich Köstlichkeiten wie tartonische Taranteltrüffel und geräucherte Molchschwänze türmten. Nur Persephone aß einen Salat mit Früchten aus dem eigenen Garten. Zag musste zugeben, dass Hermes ihm fast leidtat.

»Hermes, ich habe gehört, dass du jetzt auch an der Akademie unterrichtest«, versuchte es diesmal Persephone.

»Oh ja, das ist richtig. An der Olympia Akademie – ihr habt sicher davon gehört. Dort werden die Götter von morgen nur von den Besten ausgebildet. Sogar Herakles geht dort zur Schule.«

41

Zag riss die Augen auf. Natürlich hatte er von dem mächtigen Halbgott Herakles und der Akademie gehört. Aber sein Vater war der Ansicht, dass Zag alles, was er als zukünftiger Herrscher der Unterwelt brauchte, auch hier in der Unterwelt lernen konnte. Für seine Ausbildung war Niko zuständig.

»Und natürlich wollen die da oben nicht auf so einen fantastischen Lehrer, wie du einer bist, verzichten, nicht wahr?«, versuchte Zag, das Gespräch am Laufen zu halten.

Hermes nickte ihm zu. »So ist es, der Göttervater hat meine Qualitäten schon längst erkannt. Seit meiner Geburt, möchte ich meinen! Nur Athene, die die Schule leitet, musste von ihm überzeugt werden, mir einen Job anzubieten. Hey, ich bin der Götterbote und folge dem Ruf des großen Vaters. Apropos, ihr werdet euch bestimmt fragen, womit ich mich für diese wichtige Aufgabe qualifiziert habe? Tja, das hat etwas damit zu tun, dass ich das griechische Alphabet und gleichzeitig das Boxen erfunden habe – ja, wirklich! Das ist eine interessante Geschichte ...« Und damit war Hermes nicht mehr zu stoppen, er redete und redete. Während Hades ungeduldig sein Kinn mit der Faust abstützte und unablässig seinen Kelch nachfüllen ließ, hing Persephone interessiert an Hermes' Lippen, und die Schwestern fielen über die Trüffel her.

Auf diesen Moment hatte Zag gewartet. Er schob seinen Stuhl zurück und murmelte halblaut. »Lasst euch nicht stören, ich muss mal kurz für kleine Höllenhunde.«

Sein Vater entließ ihn mit einem gelangweilten Wink. Perfekt.

42

Alexa warf ihm noch einen Blick zu und hob misstrauisch eine Augenbraue, als Zag betont lässig aus dem Speisesaal schlenderte. Sofort ließ er sich in den Schatten einer der Türen fallen und presste sich an die Wand. Nun kam der schwierigste Teil des Unterfangens: Er musste sich verwandeln. Und zwar in etwas Kleines, Unauffälliges. Dafür schloss er die Augen und konzentrierte sich auf die göttliche Kraft, die in ihm schlummerte. Das Kribbeln begann wieder in den Zehen und breitete sich dann den Rücken entlang bis über die Kopfhaut aus. Seine Nase juckte so sehr, dass er fast niesen musste. Es gab einen kleinen Blitz – hoffentlich hatte den niemand bemerkt –, dann öffnete er vorsichtig die Augen. Und tatsächlich befand sich sein Blickfeld fast auf Bodenhöhe. Na bitte, es klappte also doch unter Stress! Vor Freude rutschte ihm ein kleiner Lacher raus: »Quak!«

Och nö.

Ihm blieb nichts anderes übrig, als sich noch mal zu verwandeln. Und mit dem nächsten Blitz klappte es: Er war eine kleine grüne Maus. Keine Ahnung, woher das Grün kam, aber vielleicht würde es ihm ja im Licht der ebenfalls grünen Fackeln helfen, unentdeckt zu bleiben. Zag atmete noch einmal tief durch, dann lugte er hinter der Tür hervor. Die Luft war rein. Und schon flitzte er los. Im Slalom rannte er zwischen den schwebenden Dienern hindurch. Keine Ahnung, ob sie ihn bemerken würden, Mäuse im Speisesaal waren nichts Ungewöhnliches, aber er wollte es nicht darauf ankommen lassen. Und vor allem durfte ihn niemand am

43

Tisch entdecken. Doch glücklicherweise war Hermes immer noch in seine Geschichte vertieft, und der Rest der Gesellschaft war kurz davor einzuschlafen.

»Ich sage also zu Hephaistos: ›Kumpel, hier steht der König der Buchstabierwettbewerbe vor dir, ich habe den ganzen Kram erfunden. Wenn ich dir doch sage, dass es so auf Ares' Schild steht!‹ Aber er wollte natürlich nicht hören …«

Die kleine Maus, die gerade unter die lange Tafel huschte, verdrehte die Augen. Wie konnte man sich so gerne reden hören? Da entdeckte Zag Hermes' Füße. Also nicht, dass das eine weltbewegende Entdeckung gewesen wäre (Zag nahm außerdem den für seine Mäusenase verführerischen Duft nach Käse wahr). Doch Hermes' Füße steckten in den geflügelten Sandalen, die Zag für seine Zwecke dringend benötigte.

»… also kommt auch noch Ares hinzu und sagt zu Hephaistos … Er sagt …« Hermes unterbrach seine Geschichte für einen Lachanfall und schnappte nach Luft. Währenddessen stellte sich Zag auf seine Hinterpfoten und begann damit, einen Riemen nach dem anderen von den Sandalen zu öffnen. Dabei ging er besonders behutsam vor. Er hatte die Hoffnung, dass Hermes mittlerweile genug Wein getrunken hatte und durch seine Erzählung so abgelenkt war, dass er nicht spüren würde, wenn Zag ihm die Sandalen ganz vorsichtig über den Fuß streifte. Was eine beachtliche Aufgabe für eine kleine Maus war. Die Flügel sahen von Nahem noch faszinierender und vor allem noch viel flauschiger aus.

44

»Er sagt also zu Hephaistos … Ich schwöre beim Göttervater, dass es so gewesen ist … Ares stellt sich also vor ihn hin und sagt …« Als ihn wieder ein Lachen schüttelte und von seiner Geschichte abhielt, riss Zags Vater die Hutschnur. Durch ein Fingerschnippen war der mächtige Zweizack in Hades' Hand aufgetaucht, der ihn unter fürchterlichem Krachen durch Hermes' Teller und den Tisch aus Vulkangestein schlug. Die Spitze blieb haarscharf über Zags Kopf stecken.

»WAS SAGTE ER?«, brüllte Hades.

Vor Schreck sprang Hermes von seinem Stuhl auf. Dabei fiel sein Blick nach unten auf seine Füße. »GRÜNE RATTE!«, schrie Hermes aus Leibeskräften, zappelte auf der Stelle und sprang schließlich auf seinen Stuhl.

»Grüne Ratte?« Hades schüttelte den Kopf. »Verstehe ich nicht.« Währenddessen kämpfte Zag um sein Leben und klammerte sich mit seinen kleinen Krallen an den Sandalenriemen fest, da Hermes versuchte, ihn durch panisches Schütteln loszuwerden. Bis hierhin hatte doch alles so gut funktioniert!

Doch irgendwann verlor er den Halt, seine Krallen rutschten ab, und er flog im hohen Bogen und mit einem verzweifelten Fiepen auf den Mäuselippen durch die Luft. Zag betrachtete die Gesichter seiner Mum und seiner Schwestern wie in Zeitlupe und betete, dass er weich landen würde. Dann platschte er mit einem Schmatzer in die Schüssel mit dem Rest Feuerskorpione. Das Gelee spritzte in alle Richtungen.

»Na warte, die Ratte holen wir uns!«, rief eine seiner Schwestern.

Zag nahm nur aus dem Augenwinkel wahr, dass alle drei Messer gezückt hatten und sich auf ihn stürzen wollten. Er hatte nicht vor, darauf zu warten, aufgespießt zu werden oder ihnen ein einfaches Ziel zu bieten. Also rannte er wie vom Skorpion gestochen los. Er flutschte unter Schalen hindurch, schlängelte sich an Kelchen vorbei, sprang wie ein Frosch über Meg hinweg, die sich ihm in den Weg warf, und tauchte unter Fledericos ausgestreckten Krallen ab. Vielleicht würde er es ja doch noch schaffen. Er wich einem Messer aus, das sich neben ihm in den Tisch bohrte – doch plötzlich tauchte der gigantische Zweizack vor ihm auf.

Ups, den hatte er ganz vergessen und leider auch zu spät gesehen: Er bekam die Kurve nicht, rutschte durch die beiden Zacken hindurch und blieb schließlich liegen.

»Was haben wir denn da?«, fragte eine bedrohliche und allzu bekannte Stimme. Sein Vater hob Zag am Schwanz hoch und ließ ihn vor seinen Augen baumeln. Zag schluckte.

»Entschuldigt mich, ich werde diese Ratte unverzüglich entsorgen. Esst ruhig weiter.«

Und damit setzte die Band wieder ein, die während der Verfolgungsjagd eine kurze Pause eingelegt hatte. Hermes der Götterbote, Sohn des Zeus und Gott der Reisenden und der Redekunst, stand immer noch bibbernd und stumm wie ein Fisch auf seinem Stuhl, während Gelee an den Gesichtern der fürchterlichen Furien hinabtroff. Tessa steckte eine Skorpionschere im Haar.

Wenigstens ein kleiner Trost, bevor ich den Löffel abgebe, dachte Zag. Und im nächsten Moment verschwand er auch schon in den Pranken seines Vaters.

Dessen Stimme drang zu ihm ins Dunkel durch: »Was soll ich nur mit dir machen?«

EIN UNSCHLAGBARES ANGEBOT

Zag spielte mit dem Gedanken, sich wieder in einen Gott zurückzuverwandeln, aber er befürchtete, dass sein Vater das gar nicht lustig fände. Und wie immer steckte er sowieso schon knietief im Harpyien-Mist. Also hieß es erst mal, sich gedulden und Ruhe bewahren. Das war gar nicht so einfach, denn das Schaukeln von Hades' Gang fühlte sich an wie ein Schiff auf hoher See. Zag musste sich die Pfote vor den Mund halten, um die Übelkeit zu unterdrücken. Bevor etwas Schlimmeres passieren konnte, hielt Hades glücklicherweise an und öffnete die Faust. Grelles Licht blendete Zag, und er musste blinzeln, als ihn sein Vater auf dem Boden absetzte.

»Da wären wir.«

Zag nutzte die Gelegenheit und verwandelte sich wieder zurück. Und das, was er sah, gefiel ihm überhaupt nicht. Sie befanden sich auf einem steinernen Balkon mit bestem Blick auf den

49

Tartaros. Na gut, viel gab es dort eigentlich nicht zu sehen, da die schroffen Felsen und der versiegelte Eingang zum Gefängnis von dunklen Rauchschwaden verhüllt waren. Ab und zu zuckten Blitze durch die Wolken und warfen gruselige Schatten. Wenn man ganz leise war, konnte man sogar das Brüllen der Titanen hören. Eine Gänsehaut überzog Zags Körper.

»Gefällt dir die Aussicht?«

Zag fuhr zusammen. Erst wollte er aus Reflex den Kopf schütteln, doch dann entschied er sich lieber für ein Schulterzucken.

Sein Vater lehnte sich an die Balustrade. »Du machst es mir wirklich nicht einfach, Zagreus, aber ich habe dich gewarnt. Und du hast mich wieder einmal enttäuscht. Deswegen lässt du mir keine andere Wahl …« Er griff in seine Tunika und zog einen Flyer heraus, den er Zag unter die Nase hielt. Darauf stand: *Sommercamp Tartaros: Hier werden kleine zu großen Göttern! Der Ernst der Unterwelt erwartet dich! PS: Denk an eine Zahnbürste und Mückenspray.*

»Nein, bitte nicht, Vater! Das kannst du nicht tun!«, rief Zag.

Hades zog genervt eine Augenbraue hoch.

»Ich denke, dass … das eine Verschwendung meiner Talente wäre!«

Hades' Gesicht zuckte – vorsichtshalber zog Zag schon mal den Kopf ein. Hatte er zu viel gesagt?

Dann drang ein seltsames Geräusch aus Hades' Mund – so etwas hatte Zag bei seinem Vater noch nie gehört. Es klang erst wie ein Husten, doch dann brach Hades in dröhnendes Gelächter aus. Sein Lachen war so laut, dass man es bestimmt bis zum Tartaros hören konnte – er musste sich am Geländer abstützen und wischte sich schließlich sogar eine Träne aus dem Augenwinkel. Zag stand etwas ratlos daneben. Lachte ihn sein Vater etwa aus?

»Das ist ja köstlich, ich habe mich seit Jahrhunderten nicht mehr so amüsiert«, stieß er aus, als er sich wieder einigermaßen beruhigt hatte. »Ich wusste gar nicht, dass du Talente hast! Aber natürlich, ein pinkes Huhn und eine grüne Ratte … Wie konnte ich nicht erkennen, dass du damit das Reich der Toten zu neuem Ruhm führen würdest? Als türkiser Flamingo auf dem Knochenthron!? Die anderen Götter werden zittern, wenn sie dich sehen!« Wieder schnaufte er und hielt sich den Bauch. Als er Zags verwirrte Miene sah, riss er sich zusammen und räusperte sich. »Das ist doch nicht dein Ernst, Zagreus.«

»Ja, in Ordnung, meine Verwandlungskünste lassen etwas zu wünschen übrig. Aber ich gebe nicht auf und bin hartnäckig!«

Hades zuckte mit den Schultern. »Das sind Gorgonen auch.«

»Ich lasse mir immer wieder neue Pläne einfallen.«

»Von denen bisher keiner funktioniert hat.«

Zag gingen die Argumente aus. Was konnte er noch – womit würde er seinen Vater überzeugen? Doch bevor er mehr sagen konnte, hob Hades eine Hand und gebot ihm zu schweigen.

»Zagreus, du bist kein großer Gott. Das warst du noch nie. Du hast keine herausragenden Kräfte und nicht den Charakter und den Willen, um einer zu werden. Deine Mutter will das nicht sehen, aber ich weiß es schon seit deiner Geburt. Du wolltest schon früh lieber mit Blumen als mit Knochen spielen.« Er seufzte. »Du bist ein *kleiner* Gott. Und wenn noch etwas aus dir werden soll, dann gibt es nur einen Ort, wo du es lernen kannst.«

Auf Hades' Fingerschnippen war das Wiehern von Pferden zu hören. Und plötzlich fuhr der fliegende goldene Streitwagen mit den vier schwarzen Pferden neben dem Balkon vor. »Komm mit, ich werde dir dein Zuhause für den kommenden Sommer zeigen.«

Zag wollte auf gar keinen Fall zu den Titanen in den Tartaros, außerdem hatte er den Sommer längst verplant! Er wollte mit Kerby und Niko zelten gehen – falls sein nächster Ausbruchsversuch auch scheitern sollte, was nicht unwahrscheinlich war … Also ließ er sich auf die Knie fallen. »Bitte nicht, Vater! Ich tue alles für dich!«

Hades hielt inne und musterte Zag. »Wirklich alles?«

»Alles, was du willst! Ich werde für immer den Harpyien-Horst ausmisten, deine Pferde putzen, im ganzen Palast Staub wischen, aber bitte schick mich nicht ins Sommercamp!«

Hades blickte plötzlich durch ihn hindurch, so als würde er nachdenken. Es kam Zag wie eine Ewigkeit vor. Dann schnippte Hades erneut, und die Pferde rasten mit dem goldenen Wagen davon.

»Also gut.«

»Also gut?!« Zag rappelte sich verdattert auf. »Heißt das, ich bekomme noch eine Chance?«

»Genau, das heißt es. Du bekommst noch eine Chance. Eine allerletzte. Du wirst ab morgen auf die Olympia Akademie gehen.«

Zag traute seinen Ohren nicht. Hatte er sich vielleicht irgendwo den Kopf angeschlagen? Oder träumte er noch und würde gleich aufwachen? Er durfte auf die Olympia Akademie gehen?!?

»Ich habe es mir überlegt. Du wolltest doch immer die Unterwelt verlassen, und deine Mutter meinte, dass es deiner Entwicklung förderlich wäre, wenn du dich mit anderen Göttern in deinem Alter umgibst.«

Zag glotzte ihn immer noch sprachlos an.

»Charon wird dich morgen zur Schule bringen und nachmittags wieder abholen.«

»Aber … aber …«, stammelte Zag.

»Dafür musst du nur eine Kleinigkeit erledigen.« Eine Schriftrolle war wie aus dem Nichts in Hades' Hand erschienen. »Hier drin stehen exakt zehn Aufgaben, die du für mich erledigen musst. Du hast dafür Zeit bis zum dritten Vollmond. Wenn du es schaffst, sie bis dahin abzuhaken, darfst du deine gesamte Schulzeit auf dem Olymp verbringen und kommst danach zurück in die Unterwelt, um dein Erbe anzutreten. Solltest du scheitern oder zu irgendwem ein Sterbenswörtchen über unsere Abmachung ver-

54

lieren …« Hades deutete wortlos auf den Sommercamp-Flyer, auf dem sich zwei Gorgonenkinder an den Händen hielten. Eines trug seinen Arm in einer Schlinge, das andere hatte einen Gipsfuß. Beide sahen überhaupt nicht glücklich aus.

Eifrig nickte Zag. Auch wenn er keine Ahnung hatte, woher der plötzliche Sinneswandel seines Vaters kam. Der hielt ihm die Hand entgegen.

»Schlag ein, und wir haben eine Abmachung.«

Zag brauchte keine Bedenkzeit. Es war sein Ernst gewesen, als er sagte, dass er alles tun würde. Und wenn er jetzt noch die Chance bekam, auf die Olympia Akademie zu gehen, dann war das vielleicht sogar der beste Tag seines Lebens! Zehn kleine Aufgaben würde er bestimmt im Nu erledigen. Wie schlimm konnten die schon sein?

»Abgemacht!« Und Zag schlug ein. Ob Zufall oder nicht, in dem Moment drang ein Grollen wie von einem Erdbeben vom Tartaros zu ihnen herüber.

Hades reichte Zag die Rolle und blickte ihm eindringlich in die Augen.

»Und vergiss nicht: kein Wort zu niemanden. Vor allem nicht zu deiner Mutter.«

Und so war Zag mit einem mulmigen Gefühl früh ins Bett gegangen und hatte kaum ein Auge zubekommen. »Das kann kein gutes Ende nehmen, Meister, ich habe da ein ganz mieses Gefühl«, sagte Niko am nächsten Morgen und schwebte aufgebracht durch Zags Zimmer. »Mit Verlaub, Euer Vater tut nie etwas ohne Hintergedanken.«

Direkt nach dem Aufstehen hatte er Niko und Kerby von der Abmachung berichtet, und seitdem lag Niko ihm in den Ohren, während Kerby ihm nicht von der Seite wich. Schnaubend zog Zag einem der Hundeköpfe seinen angesabberten Seesack aus dem Maul, der ihm als Schulranzen dienen würde.

Den packte Zag nun mit allem, was er für seinen ersten Schultag benötigen würde: eine Wachstafel zum Schreiben, genügend Holzstifte, damit er einen verleihen konnte, ein Butterbrot, das er sich für die Pause geschmiert hatte, und natürlich die Schriftrolle seines Vaters. Er war extra früh aufgestanden, hatte ein Bad genommen, seine Tunika gebügelt und ein bisschen Parfüm aufgelegt, das seine Mum für ihn gemacht hatte. Zag wollte einen guten ersten Eindruck bei seinen neuen Mitschülern hinterlassen.

»Mum meint, es wäre gut für meine Entwicklung. Vielleicht hofft mein Vater, dass ich da oben etwas dazulerne und mich beweise.« Zag zuckte mit den Schultern. Natürlich hatte er sich auch gefragt, warum sein Vater seine Meinung so plötzlich geändert hatte, aber das war eigentlich auch egal. Es zählte nur, dass er endlich und ganz offiziell die Unterwelt verlassen durfte.

»Aber was ist mit den zehn Aufgaben? Habt Ihr überhaupt eine Ahnung, worin sie bestehen?«, wandte Niko ein.

Doch Zag zuckte mit den Schultern. »Die sind bestimmt ganz harmlos. Vater möchte nur sichergehen, dass ich mich gut eingliedere.« Ganz sicher war er sich dabei nicht, und er verschwieg lieber, dass die Schriftrolle leer gewesen war, als er sie gestern Abend geöffnet hatte. Vielleicht blieb das ja auch so, und es war nur einer von Hades' Tests. Als er ein Kleinkind gewesen war, hatte sein Vater Zag ständig getestet, um herauszufinden, worin seine göttliche Macht bestand. Dass er dabei fast von der Hydra, einem Monster, dem Köpfe nachwuchsen, wenn man sie abschlug, verspeist und einmal nur haarscharf einen Vulkanausbruch überlebt hatte, verdrängte er lieber. Als er wieder zu Kerby und Niko blickte, starrten die ihn besorgt an.

»Kommt schon, Leute, das wird ein Spaziergang.« Er drückte Kerby, streichelte alle hechelnden Köpfe, wobei ihn ein paar Zungen abschleckten, und nickte seinem Lehrer aufmunternd zu. Dann warf er sich den Riemen seines Seesacks über die Schulter. »Keine Sorge, ich bin heute Abend schon wieder da – und werde

euch davon erzählen, wie ich die Olympia Akademie mit all ihren Göttern an nur einem Tag für mich eingenommen habe. Und ehe ihr euch's verseht, habe ich alle Aufgaben erledigt.« Dabei klang er zuversichtlicher, als er sich fühlte.

»Passt auf Euch auf«, sagte Niko und lächelte schwach.

Eilig verließ Zag sein Zimmer, um sich einen tränenreichen Abschied zu verkneifen. Auf dem Weg zum unterirdischen Ufer des Styx, wo Charon mit seinem Boot auf ihn warten sollte, malte er sich aus, wie er die Schule betreten und gleich haufenweise Freundinnen und Freunde finden würde. Schließlich hatte er es jahrelang in der Unterwelt ausgehalten, da musste eine Schule mit Gleichaltrigen doch ein Klacks sein.

Sein Lächeln verging ihm, als er das am Styx vertäute Boot des Fährmanns erblickte. Denn der war nicht allein. Hinter ihm hockten drei in Schwarz gehüllte Gestalten im Boot, die ihn alles andere als freundlich anblickten: seine Schwestern.

»Gut, dass du endlich da bist«, brummte Charon, der tatsächlich erleichtert wirkte.

»Was macht ihr denn hier?«, entfuhr es Zag.

In den Blicken der Furien spiegelte sich pure Mordlust wider. »Das haben wir dir zu verdanken!«, fauchte Tessa. Flederico saß auf ihrer Schulter und schlug wütend mit den Flügeln.

»Vater dachte, es sei eine großartige Idee, wenn wir dich begleiten würden, um ein Auge auf dich zu haben«, fügte Alexa hinzu.

Zag kletterte umständlich auf das Boot, suchte sich ein Plätzchen außer Reichweite der Furien, die ihn keines weiteren Blickes würdigten, und klemmte sich den Seesack zwischen die Beine. Sein Herz begann vor Freude wie wild zu schlagen. Er war so aufgeregt – und er würde sich die Laune nicht mal von seinen miesepetrigen Schwestern verderben lassen. Denn heute war endlich der Tag, an dem er die Unterwelt hinter sich lassen würde. Zumindest bis zum letzten Gong der Schulglocke.

Charon nahm das goldene Paddel in die Hand und stieß damit das Boot vom Ufer ab. Ganz langsam nahm es Fahrt auf. Das Gefühl von Freude und Freiheit wurde nur ein wenig von akuter Seekrankheit geschmälert.

Sie glitten bis in die Mitte des Styx, über ihnen die endlos hohe Decke der Grotte, die wie immer in tiefes Schwarz getaucht war.

»Nächster Halt: Olymp«, murmelte Charon und stieß zweimal mit dem Paddel gegen das Heck des Bootes. Daraufhin erzitterte es, und mit einem Ruck erhob es sich in die Luft.

»Das ist ja krass!«, stieß Zag aus, und selbst die Furien wirkten überrascht.

Wasser lief an dem Boot hinunter und tropfte in den Styx, während es sich immer weiter in die Höhe schraubte. Dabei drehte es sich ganz langsam im Kreis, was Zag zusätzlich flugkrank machte. Und irgendwann verschluckte sie das Dunkel der Grottendecke. Zag hatte keine Ahnung gehabt, dass das Boot des Fährmanns so etwas draufhatte.

Nach einer nahezu endlosen Weile durchbrachen sie das Dunkel und wurden in blendendes Licht gehüllt – noch greller als Hermes' weißes Lächeln.

»Augen zu, Kinder, sonst werdet ihr blind – an die Helligkeit müsst ihr euch erst gewöhnen«, brummte Charon.

Zag kniff die Augen fest zusammen. »Sind wir schon da?«, fragte er nach einer Weile in die Richtung, wo er Charon vermutete.

»Nein«, maulte der zurück.

Und weiter ging es nach oben, immer weiter. Als Zag es fast nicht mehr aushielt, die Augen geschlossen zu halten, hüllte eine wattige Feuchtigkeit das Boot ein. Zag spürte, wie sich auf seinem Körper und auf seinen Haaren Wassertropfen bildeten. Und mit einem Ruck endete der Höhenflug des Bootes.

Ganz vorsichtig öffnete Zag die Augen und blinzelte ein paarmal. Es war ziemlich hell. Neugierig ließ er eine Hand aus dem Boot hängen und griff nach dem Weiß. Wäre dieses Meer so wie der Styx, hätte er seine Hand wahrscheinlich verloren, aber so geschah nichts. Das Weiß war ganz weich und wurde zu Wassertropfen, sobald er es berührte.

»Was ist das?«, fragte er.

Charon schmunzelte. »Das sind Wolken.«

Wolken! Wie wunderbar. Ein seliges Lächeln machte sich auf Zags Gesicht breit. Seine Schwestern sahen weniger beseelt und auch weniger cool aus als sonst, sie klammerten sich aneinander

60

und warfen prüfende Blicke auf das Wolkenmeer. Offensichtlich trauten sie dem Braten nicht.

»Dann wollen wir mal, es ist nicht mehr weit.« Damit tauchte Charon das Paddel ein und nickte nach vorn, wo Zag in der Ferne einen Berg erkennen konnte, der die Wolkendecke durchbrach: der Olymp.

So langsam gewöhnte sich Zag an das Schaukeln und Wanken des Bootes, dafür hüpfte sein Herz umso mehr.

WILLKOMMEN AN DER
OLYMPIA AKADEMIE

*D*as Boot des Fährmanns schipperte seelenruhig auf den Olymp zu. Zag konnte es kaum erwarten, er lehnte sich immer weiter vor, um möglichst viel zu erkennen. Der Berg war gewaltig, so etwas hatte er noch nie gesehen. Die Unterwelt wirkte dagegen fast mickrig und noch trostloser – falls das überhaupt möglich war. Während sie immer näher kamen, konnte Zag Marmorbauten mit Säulen und Kuppeldächern erkennen; prächtige hängende Gärten, die seine Mum lieben würde; und immer wieder weite Plattformen, auf denen riesige Statuen standen, Parks angelegt waren oder Streitwagen starteten und landeten. Dort, wo sich in der Unterwelt Lavaströme ihren Weg aus dem Gebirge bahnten, fielen hier Wasserfälle in die Tiefe, bildeten einen feinen Nebel und verschwanden in den Wolken. Zag konnte sich gar nicht sattsehen an all der Schönheit ... und der Helligkeit. Alles strahlte – so kam es ihm zumindest vor.

Charon steuerte auf einen Anleger zu, der wohl zu der Olympia Akademie gehörte, denn eine Flagge mit ihrem Zeichen – einer Eule und einem Speer – wehte an dem Holzsteg.

Da schoss direkt vor ihnen ein Streitwagen aus dem Himmel und stieß gegen das Boot, woraufhin es heftig ins Wanken geriet. Zag hatte den Wagen nicht einmal kommen sehen, nun musste er sich mit beiden Händen an der Bootswand festkrallen, um nicht über Bord zu gehen.

»Aus dem Weg, ihr Gruftis!«, schrien zwei Jungs, die den hölzernen Wagen lenkten, der von vier geflügelten Pferden gezogen wurde, und lachten gehässig.

»Elende Rüpel!«, brüllte Charon ihnen nach und reckte eine knochige Faust in den Himmel. »Keinen Respekt mehr hat diese Jugend von heute!«

Zag blickte den Jungen nach. »Wer sind die?«, wollte er wissen.

Charon schnaubte. »Den Fackeln auf dem Streitwagen nach zu urteilen, müssten das die Bengel von Ares und Aphrodite sein. Die Zwillinge Deimos und Phobos.«

Zag nahm sich vor, sich die Namen zu merken. Wer weiß, vielleicht würden sie ja gute Freunde werden. Da schossen immer mehr Streitwagen und geflügelte Pferde an ihnen vorbei. Einen Pegasus hatte Zag noch nie aus der Nähe gesehen, ob er wohl Federn oder Fell hatte? Oder beides? Auf den Pferden saßen Götter und Göttinnen, die ungefähr in seinem Alter sein mussten. Die meisten trugen strahlend weiße Tuniken, und alle warfen ihnen

seltsame Blicke zu. Plötzlich war Zag das alte Boot mit dem Fährmann peinlich. Vielleicht hätte er lieber Kerby fragen sollen, ob
er an seinem ersten Schultag auf dessen Rücken zum Olymp reiten dürfte.

Als dann auch noch ein Gott mit einem schicken Löwenfell
über der Schulter auf einem Stier durch die Wolkendecke brach
und an dem Boot vorbeiritt, fiel Zag endgültig die Kinnlade
hinunter. Er kannte den Gott von einer bemalten Vase, die in
seinem Zimmer in der Unterwelt stand: Der Typ war niemand
anderes als Herakles, der Held aller Helden.

Und auch er hob eine Augenbraue, als er das Boot mit Zag und
seinen Schwestern entdeckte und Zag ihm zuwinkte, als wären sie

alte Freunde. In diesem Moment dockten sie endlich am hölzernen Steg an.

»So, jetzt macht, dass ihr aus meinem Boot kommt. Benehmt euch, verstanden? Nach der Schule hole ich euch wieder ab«, verkündete Charon so laut, dass alle Gespräche am Anleger, oder besser gesagt an der Landebahn, verstummten.

Zag spürte, wie sich seine Wangen färbten, und warf sich schnell seinen Seesack über die Schulter. Alle Augen waren auf die Neuankömmlinge gerichtet.

»Okay, Leute, dann wollen wir mal ...« Zag drehte sich zu seinen Schwestern um, doch Alexa, Meg und Tessa sprangen, ohne auf ihn zu warten, von Bord, marschierten den Pfad Richtung

Hauptgebäude entlang und verschwanden in der Masse. Niemand wagte es, sich ihnen in den Weg zu stellen.

Gut, dann würde Zag das eben allein meistern, gar kein Problem. Er hüpfte von Bord, wobei er das Schaukeln des Bootes unterschätzt hatte, und etwas ins Straucheln geriet. Sobald er sich wieder gefangen hatte, setzte er das Gewinnerlächeln auf, das er sich bei Hermes abgeschaut hatte, und nickte im Vorbeigehen seinen Mitschülerinnen und Mitgöttern zu. Die meisten von ihnen schüttelten den Kopf, verzogen das Gesicht oder begannen zu tuscheln.

»Was will der Typ denn hier?«

»Ist das nicht Hades' Sohn?«

»Was? Das halbe Hemd? Nie im Leben!«

Zags Lächeln geriet ins Wanken. Es verschwand komplett, als jemand ein Bein ausstreckte, über das er stolperte und vor aller Augen unsanft der Länge nach hinfiel. Dabei ging sein Seesack auf, und seine Wachstafel, die Stifte, das Butterbrot und die Schriftrolle kullerten in alle Richtungen davon.

»Volltreffer!«, rief ein Typ und sprang aus den Umstehenden hervor, ein anderer kam dazu und schlug ein.

»Nicht schlecht, Bro.«

Da waren sie wieder: Deimos und Phobos – die beiden Jungs, die Daddys Streitwagen zur Schule fahren durften. Keine Ahnung, wer von den beiden wer war. Sie überragten Zag jeweils ein gutes Stück, sahen ziemlich muskulös für ihr Alter aus und hatten

lange kastanienbraune Haare. Sie sahen unverschämt gut aus, das musste Zag zugeben – bestimmt hatten sie das von ihrer Mutter Aphrodite geerbt, der Göttin der Liebe. Aber der streitlustige Charakter kam eindeutig vom Kriegsgott Ares – mit den beiden wollte er es sich lieber nicht verscherzen.

Die ersten Kinder begannen zu lachen, und Zag spürte, wie sein Gesicht anfing zu glühen. Er rappelte sich auf, klopfte seine Tunika ab und sammelte seine Sachen ein.

»Haha, ja, das war witzig! Tolles Begrüßungsritual, echt irre komisch«, versuchte er, die Situation zu retten und gute Miene zum bösen Spiel zu machen.

Doch die beiden Jungs bauten sich breitbeinig vor ihm auf und verschränkten die Arme. »Was will der Knirps von uns?«, fragte der eine.

»Keine Ahnung, ich verstehe sein Gebrabbel nicht«, antwortete der Bruder.

»Das muss wohl Unterweltlerisch sein!«

Sofort brachen wieder beide in Lachen aus und gaben sich ein High Five.

Zag wurde immer kleiner und zog den Kopf zwischen die Schultern. Dann gab er sich einen Ruck und streckte die Hand aus. »Freut mich, euch kennenzulernen, ich bin Zagreus, aber meine Freunde nennen mich Zag. Ich bin neu hier.«

Die Jungs blickten von seiner Hand zu ihm und hatten offenbar nicht vor, sie zu schütteln. Langsam ließ Zag die Rechte sinken.

»Wir wissen ganz genau, wer du bist. Und wir wollen solche Gruftis wie euch nicht auf dem Olymp. Geh dahin zurück, wo du hergekommen bist!«

Zag schluckte, als einer der Brüder seine Handknöchel knacken ließ, wie um seine Worte zu unterstreichen – was nicht nötig gewesen wäre. Zag hatte ihn auch so verstanden.

»Zagreus, Sohn von Hades«, scholl eine Stimme über den Platz. Eine Frau marschierte geradewegs auf Zag zu und rettete ihn so vor einer üblen Abreibung. In der einen Hand trug sie einen glänzenden Rundschild, in der anderen einen goldenen Speer. Das musste wohl eine der Amazonen sein, die die Schule bewachten. Sie hatte die langen Haare zu einem Zopf geflochten und die Seiten kahl rasiert. Ihre düstere Miene und die Narbe, die sich quer über ihr Gesicht zog, zeigten, dass mit ihr nicht zu spaßen war. Sofort machten Deimos und Phobos einen Rückzieher und taten so, als würden sie sich angeregt über den Athener Sportverein unterhalten.

»Die Schulleiterin will dich sprechen. Folge mir.«

Unter den neugierigen Blicken seiner neuen Mitschülerinnen und Mitschüler schlurfte Zag der Amazone hinterher. Noch immer glühten seine Wangen. So hatte er sich die Begrüßung an der neuen Schule nicht vorgestellt.

Olympia Akademie prangte über dem von Säulen getragenen Eingang. Kaum hatten die Amazone und Zag ihn durchschritten, befanden sie sich auch schon im Innenhof der Schule, der zu drei Seiten von Säulengängen umgeben war.

Obwohl die Amazone mit ihrem Speer und Schild nicht sonderlich gesprächig schien, gewann Zags Neugier die Oberhand. »Wo geht es denn da lang? Und was ist das für ein Gebäude? Hat da jeder Zugang? Wo essen wir zu Mittag?«

»Grrrr«, machte die Amazone nur. Anscheinend hatte sie nicht vor, seine Fremdenführerin zu spielen. Auf dem Hof tummelten sich schon ein paar Schülerinnen und Schüler, einige unterhielten sich, andere spielten Ball oder würfelten. Doch sobald sie Zag im Schlepptau der Amazone entdeckten, hielten sie inne und blickten misstrauisch zu ihm herüber. Zag war ganz erleichtert, als sie den Innenhof wieder verließen, ein riesiges Marmorgebäude betraten und ihn die Amazone vor dem Büro der Rektorin absetzte.

»Warte hier. Du wirst aufgerufen, wenn Rektorin Athene so weit ist«, brummte sie und machte dann kehrt.

Zag bekam ganz schwitzige Hände bei dem Gedanken, dass er gleich eine der mächtigsten Göttinnen des Olymp treffen würde.

Hinter Zag räusperte sich jemand. »Hey, du bist neu! Hier ist noch ein Platz frei, wenn du magst.«

Auf einem Schemel saß ein Junge, dessen dunkle Lockenmähne so aussah, als hätte sie noch nie einen Kamm gesehen.

Er trug eine nachtblaue Tunika, die sogar ein bisschen funkelte, wenn er sich bewegte.

»Coole Tunika«, sagte Zag und rutschte auf den Hocker neben den Jungen.

Das entlockte ihm ein Grinsen. »Danke! Sie soll den Nachthimmel darstellen.« Als er in Zags fragendes Gesicht blickte, wurde sein Grinsen noch breiter. »Ich bin Morpheus, der Gott der Träume. Meine Eltern sind Hypnos, der Gott des Schlafs, und Nyx, die Göttin der Nacht. Meine beiden Brüder gehen auch auf die Schule.«

»Oh, entschuldige, ich kenne mich hier noch nicht so gut aus, tut mir leid, dass ich dich nicht direkt erkannt habe. Ich bin Zag.«

»Ich weiß!« Morpheus' Augen leuchteten. »Zagreus, Sohn von Persephone und Hades – der Prinz der Unterwelt.«

»Äh, ja, das stimmt.« Zag spielte verlegen mit seinem Seesack. »Das ist mein erster Tag an der Schule, deswegen soll ich mich auch bei der Rektorin melden.«

Morpheus winkte ab. »Du brauchst dir keine Sorgen machen. Athene mag streng sein, aber sie weiß es zu schätzen, wenn man sich in der Schule einbringt. Im Nu fühlst du dich hier pudelwohl und hast total den Durchblick!«

»Ehrlich?«

»Ja klar! Zumindest wenn du dich an die richtigen Leute hältst ...« Dabei zwinkerte er Zag zu. »Vielleicht hast du ja Lust, in der Pause mit mir und meinen Freundinnen abzuhängen. Die sind echt cool!«

Morpheus schien schwer in Ordnung zu sein. Und wenn er sich hier auskannte, war es bestimmt nicht schlecht, wenn Zag sich erst mal an ihn hielt.

»Cool, gerne!« Dann driftete sein Blick wieder zu der Tür, die ins Büro von Athene führte, und Zag kam ein Gedanke. »Sag mal, warum musst du eigentlich mit der Rektorin sprechen?«

Morpheus' Wangen färbten sich rot, und er blickte verlegen auf seine Füße. »Ehm, nun, ich ... Also ich hab meine Kräfte eingesetzt und bin Hephaistos, unserem Lehrer für Schmiedekunst, im Traum erschienen ...«

»Wow! Wie cool ist das denn?«

Morpheus zuckte mit den Schultern, aber wieder stahl sich ein Grinsen auf seine Lippen. »Na ja, manchmal ist es schon nützlich.«

»Und warum hast du das gemacht?«, wollte Zag wissen.

Morpheus senkte seine Stimme zu einem Flüstern. »Versprich mir, dass du es niemandem erzählst.«

Zag tat so, als würde er sich mit einem Schlüssel den Mund abschließen und ihn anschließend hinter sich werfen.

»Eine Freundin von mir brauchte ganz dringend den Bewertungsbogen für die anstehenden Prüfungen in Schmiedekunst. Sie leidet unter Prüfungsangst ... Da wollte ich ihr helfen und ihn besorgen.«

Das waren ja wohl die coolsten Kräfte, von denen Zag jemals gehört hatte! Dagegen waren seine Verwandlungskünste ein Witz. Bevor er Morpheus weiter löchern konnte, flog die Bürotür auf und krachte gegen die Wand. Ein Wunder, dass sie nicht gleich aus den Angeln flog. Zags Schwestern rauschten hindurch und warfen Zag einen bösen Blick zu, als sie ihn entdeckten. Dann waren sie genauso schnell verschwunden, wie sie aufgetaucht waren. Eine Gabe, die die Furien perfektioniert hatten.

»Der Nächste!«, drang es ungeduldig aus dem Büro.

»Geh ruhig, ich kann warten.«

Zag wusste nicht, ob er Morpheus dafür danken sollte oder nicht. Vorsichtig trat er an die Tür, klopfte gegen den Rahmen und streckte den Kopf hinein.

Hinter einem massiven Marmortisch saß eine großgewachsene Frau mit breiten Schultern, die etwas erschöpft wirkte und sich die Schläfen massierte. Als sie von den Papieren auf ihrem Tisch aufblickte, verdüsterte sich ihre Miene sichtlich.

»Nicht noch einer von denen ...«, murmelte sie.

»Rektorin Athene, es ist mir eine Freude, Sie kennenzulernen, mein Name ist ...«

Athene winkte ab. »Jaja, ich weiß, wer du bist. Ich hatte gerade schon das Vergnügen mit deinen reizenden Schwestern. Bitte, nimm Platz.«

Dass es ein Vergnügen war, kaufte Zag der Göttin nicht ab. Aber er folgte ihrer Einladung und betrat das Büro. Die Wände waren voller Regale, aus denen unendlich viele Schriftrollen hervorquollen. Ein paar Statuen standen an den wenigen freien Plätzen dazwischen. Doch was Zag direkt ins Auge fiel, war die Holzkonstruktion, die sich hinter Athene befand und auf der eine schneeweiße Eule saß. Zag hatte sie zuerst für eine Statue gehalten. Doch als er näher kam, merkte er, dass ihm der Blick der Eule folgte. Athene faltete die Hände, stützte ihr Kinn darauf und sah ihn durchdringend an.

»Das hier ist die Olympia Akademie. Jede Göttin und jeden Gott, die auf der Suche nach Wissen und persönlicher Weiterentwicklung sind, heiße ich hier herzlich willkommen.« Sie legte eine Pause ein und zog die Augenbrauen zusammen. »Wer allerdings hier ist, um Unruhe zu stiften und den Ruhm und die Ehre

dieses heiligen Lehrbodens zu beflecken, den warne ich eindringlich: So etwas werde ich nicht dulden und hart bestrafen. Haben wir uns verstanden?«

Zag nickte eilig. »Na-natürlich!«

Schlagartig hellte sich Athenes Miene auf. »Wunderbar, dann begrüße ich dich als neuen Schüler an der Olympia Akademie.« Sie kramte in dem Turm aus Papyrusrollen, der sich auf ihrem Schreibtisch stapelte. Schließlich fand sie, wonach sie gesucht hatte, und warf Zag eine Rolle zu, die er gerade so auffing.

»Das hier ist dein Stundenplan. Sei froh, dass das Schuljahr gerade erst begonnen hat. Allzu viel hast du also noch nicht verpasst. Hast du schon mal ein Gymnasion besucht?«

Zag schüttelte den Kopf. »Bisher wurde ich von einem Hauslehrer unterrichtet.«

»Das wird schon. Die AGs beginnen erst diese Woche, du kannst dir also in Ruhe eine am schwarzen Marmorbrett neben dem Eingang aussuchen und dein Kürzel einmeißeln, wenn dich etwas interessiert. Es gibt zum Beispiel den Astronomie-Verein, den Schach-Club, die Geometrie-Nerds und die Theatergruppe.«

Zag konnte sein Glück gar nicht fassen – so etwas hatte es in der Unterwelt nicht gegeben. Mit ein paar Schatten hatte er ab und zu Steine versenken am Lavasee gespielt. Dabei warf man Steine in den See und sah ihnen beim Versinken zu.

Er hatte keinen Schimmer, wofür er sich entscheiden sollte. Aber es würde auf jeden Fall etwas Musisches und Künstlerisches

werden, wobei er seine in der Unterwelt verkannte Kreativität ausleben könnte.

»So, ich denke, das ist vorerst alles, was du wissen musst.« Dann klatschte sie in die Hände. »Aristoteles, ruf nach Pseudea, sie soll Zagreus in der Schule herumführen.«

Verwirrt blickte sich Zag um. Mit wem hatte die Schulleiterin gesprochen? Da stieß die Eule, offenbar Aristoteles, einen schrillen Schrei aus. Und kurze Zeit später erschien eine junge Göttin in der Tür. Nicht nur ihre Tunika, sondern auch ihre Sandalen mit dem Blitzlogo an der Seite strahlten in einem noch helleren Weiß als das Wolkenmeer, das den Olymp umschloss. Dunkelbraune Haare fielen in Korkenzieherlocken bis auf ihre Schultern und umrahmten ein spitzes Gesicht.

»Schon zur Stelle, Rektorin Athene«, meldete sie sich zum Dienst.

Die war schon wieder in eine der Schriftrollen vertieft und blickte nicht mal von ihrem Tisch auf. »Führe deinen neuen Mitschüler bitte herum und zeig ihm alles.«

»Natürlich, Rektorin, nichts würde ich lieber tun«, flötete Pseudea mit einer honigsüßen Stimme. Als sie jedoch zu Zag sah, veränderte sich ihr Gesichtsausdruck merklich. »Mir nach«, sagte sie etwas weniger süß.

Zag sprang auf und eilte ihr hinterher.

»Noch eine Sache, Zagreus«, sagte Athene, immer noch ohne aufzublicken. »Hier drin zählt nicht, wer du bist, woher du

75

kommst und wer deine Eltern sind, sondern nur, was du leistest. Fleiß wird belohnt, deine göttlichen Kräfte einzusetzen ist strengstens untersagt. Ich denke, ich habe mich klar ausgedrückt.«

Zag schluckte. »Das haben Sie – klar und deutlich.«

DER ERSTE
SCHULTAG

Zag musste sich beeilen, um Pseudea einzuholen, die längst auf den Flur hinausgelaufen war, ohne sich nach ihm umzusehen. Er konnte Morpheus nur noch ein »Wir sehen uns später« über die Schulter zurufen, bevor er hinter ihr aus dem Vorzimmer stolperte.

»Mach schon, ich hab nicht den ganzen Tag Zeit. Ich bin im Schulkomitee und habe dort das äußerst wichtige Amt der Schriftführerin inne.« Dabei warf Pseudea ihre Haare nach hinten und stolzierte weiter.

Zag hatte keinen Schimmer, wovon sie redete.

»Schlimm genug, dass ich mit dir gesehen werde … Was tut man nicht alles für gute Noten.«

Pseudea führte Zag nicht wie die Amazone mitten über den Innenhof, sondern durch den Säulengang zur Rechten des Rektorats.

»Also wir kommen gerade aus dem Verwaltungsgebäude mit

dem Rektorat und der Halle der Helden, daran schließt die Mensa an, von hier gehen die Klassenzimmer ab, da vorn sind die Toiletten. Gegenüber befindet sich das Amphitheater, die kleine Bude da drüben ist der Kiosk. Fragen so weit?«, ratterte sie runter.

»Äh, wo sind noch mal die Toiletten?«

Doch anstatt zu antworten, verdrehte Pseudea nur die Augen. »Wirst du schon selbst finden.«

Und weiter ging es. Sie verließen den Säulengang und liefen über den Innenhof bis zum Amphitheater, dessen halbkreisförmig angelegte Sitzreihen in den steilen Felsen geschlagen worden waren.

»Hier finden nicht nur die Schulversammlungen statt, sondern auch Konzerte, Siegerehrungen und der Musikunterricht. Außerdem trifft sich die Theatergruppe hier zweimal die Woche nach dem Unterricht zum Proben.«

Direkt neben dem Theater wand sich eine furchtbar steile und schmale Treppe den Olymp empor. Zag konnte das Ende nicht erkennen und nur schätzen, wie weit sie hochging.

Er hob die Hand.

»Was ist?«, fragte Pseudea genervt.

»Wohin führt die Treppe?«

Doch die Göttin musterte ihn nur von Kopf bis Fuß. »Ich denke, das kann dir egal sein. Aber wenn du es unbedingt wissen willst ... Da oben befinden sich der Sportplatz und die Therme.«

Zag fragte sich, ob er das als Beleidigung verstehen sollte. Therme klang doch großartig! Er liebte Schwimmen und ging ausgesprochen gerne in die Sauna! Vielleicht gab es ja einen Club für Synchronschwimmen, das konnte Zag sich auch vorstellen. Doch bevor er nachhaken konnte, näherte sich ihnen eine Gruppe Schüler, die von Herakles angeführt wurde.

»Hey!«, rief Zag, winkte und wollte schon zu ihm gehen, um sich endlich richtig vorzustellen – da schubste Pseudea ihn in den nächstbesten Busch.

»Zieh Leine, wir kennen uns nicht«, zischte sie ihm zu.

Durch das Gestrüpp konnte er gerade noch erkennen, wie Pseudea wieder ihr freundlichstes Lächeln aufsetzte und winkend auf Herakles zulief.

Okay, diese Göttin benahm sich auf jeden Fall merkwürdig. Nur mit Mühe kletterte Zag aus dem Busch und zupfte ein paar Blätter von seiner Tunika. Dann würde er die Besichtigungstour eben allein durchziehen. Vielleicht entdeckte er ja sogar Morpheus irgendwo. Der würde ihm bestimmt helfen und gerne die Schule zeigen. Zag wollte gerade zurück zum Rektorat laufen und dort auf ihn warten, als der Seesack auf seinem Rücken anfing zu wackeln und hüpfen.

»Bitte kein Feuerskorpion«, betete Zag. Seine Schwestern

hatten ihm schon oft genug als »Spaß unter Geschwistern« ein paar von den Dingern in die Tunika oder in sein Bett gesteckt – und Bisse und Stiche von diesen Viechern brannten wie verrückt. Doch als er einen vorsichtigen Blick in den Sack hineinwarf, waren da nur seine Tafel, die Holzstifte, sein etwas ramponiertes Butterbrot und … die Schriftrolle von Hades! Von ihr ging ein schwaches Leuchten aus, und sie vibrierte, als würden unsichtbare Fäden an ihr ziehen. Zag blickte sich um, um zu überprüfen, ob ihn jemand beobachtete. Dann setzte er sich auf einen der untersten Ränge des Theaters, von wo aus er den Schulhof gut im Blick hatte, und holte ganz vorsichtig die Rolle heraus. Seine Hände zitterten, als er sie nur ein Stück weit auseinanderzog. Gestern war sie noch leer gewesen, nun leuchteten Zag blutrote Buchstaben entgegen: 1. Aufgabe: Tritt der Schulmannschaft bei.

1. Aufgabe:

Tritt der Schul-
mannschaft
bei.

Zag atmete erleichtert auf. Das klang nach einer ziemlich einfachen Aufgabe. Niko hatte sich ganz umsonst Sorgen gemacht – sein Vater half ihm nur dabei, sich in der Schule einzugewöhnen und Anschluss zu finden. Doch eigentlich wäre Zag lieber dem Theaterclub oder der Botanik-AG beigetreten – aber das würde Hades sicherlich nicht gutheißen. Also schön, er hatte eine Abmachung mit seinem Vater und würde seinen Teil einhalten.

Entschlossen packte er die Schriftrolle zurück in seinen Seesack. Als er über den Hof blickte, entdeckte er die Gruppe rund um Herakles. Es waren noch mehr Schülerinnen und Schüler dazugekommen, die ihn umringten. Pseudea war auch dabei – anscheinend war der Typ überall ziemlich beliebt.

Na ja, Zag würde das schwarze Marmorbrett auch allein finden, hatte Athene nicht gesagt, dass es irgendwo vor ihrem Büro hing? Zag zuckte mit den Schultern, er hatte ja eh Morpheus suchen wollen, da lag das Brett auf dem Weg. Er lief also zurück und ignorierte die neugierigen Blicke seiner Mitschüler.

Die Tafel hing tatsächlich genau neben dem Eingang zum Rektorat, und Zag suchte sie aufmerksam nach der Spalte für die Schulmannschaft ab. Als er sie endlich gefunden hatte, überflog er die Namen derer, die sich bereits eingetragen hatten. Wenig begeistert entdeckte er Deimos und Phobos. Hoffentlich würden sie nicht die gleiche Disziplin belegen wie er. Schließlich nahm er Hammer und Meißel, die an einem Seil neben dem Brett baumelten, und verewigte sein Kürzel im glatten Marmor. Zufrieden blickte er sein etwas schiefes Werk an. Erste Aufgabe: Check. Blieben nur noch neun weitere Aufgaben, dann hieß es »Hallo, Olymp« und »Unterwelt, ade«.

»Wow!«, ertönte es hinter ihm. Es war Morpheus, anscheinend

hatte er das Gespräch mit Athene gerade hinter sich gebracht. »Du willst der Schulmannschaft beitreten? Hätte ich gar nicht gedacht!«, stieß er aus und musterte ihn.

Zag verzog das Gesicht. »Was soll das denn heißen? Du bist nicht der Erste, der mich heute so anguckt.«

»Oh, 'tschuldige! Ich hätte dich nur nicht so eingeschätzt, dass du auf Boxen und Laufen stehst.«

Zag winkte ab. »Ach, weißt du, ich hab drei ältere Schwestern, ich bin der unangefochtene Unterweltmeister im Wegrennen. Das hier kann nicht so viel schwieriger sein«, behauptete er großspurig – dass seine Schwestern ihn stets ziemlich schnell einholten und mit dem Kopf voran in Harpyienmist tunkten, verschwieg er an der Stelle lieber.

Mit einem Mal begannen Morpheus' Augen zu leuchten. »Also ich finde es wirklich großartig, dass du das machst. Ehrlich! Cool, dass du den größeren Göttern zeigst, was eine Harke ist!«

»Äh, ja, so was in der Art hab ich vor«, murmelte Zag.

»Am besten machst du dich dann gleich auf den Weg«, schlug Morpheus vor und zeigte in Richtung der endlosen Treppe, die noch höher auf den Olymp hinaufführte. »Die Woche beginnt direkt mit unseren AGs. Ich hab mich für den Astrologie-Club eingetragen, Sterne und Traumdeuten sind voll mein Ding. Eigentlich haben wir noch etwas Zeit, bis die Stunde beginnt, aber ich kann dir aus Erfahrung sagen, dass sich der Weg nach oben zur Sportstätte zieht.«

83

Morpheus begleitete Zag noch bis zu den ersten Stufen und winkte zum Abschied. Zag schielte missmutig die Treppe hinauf. Alle Stufen zu erklimmen würde Ewigkeiten dauern, aber was sollte er machen? Sich in einen Vogel verwandeln und hochfliegen? Nein danke. Bestimmt würde es wieder nur für ein pinkes Huhn reichen, und er würde gleich am ersten Tag einen Schulverweis bekommen, weil er unerlaubterweise seine Kräfte einsetzte. Also atmete er tief durch und begann mit dem Aufstieg.

Es dauerte eine gefühlte Ewigkeit, bis Zag endlich oben angekommen war. Völlig verschwitzt und nach Luft ringend. Und jetzt sollte er noch Sport machen? Vor ihm lag die Anlage mit Stadion und Übungsplätzen, immerhin waren die Kabinen ausgeschildert. Seltsamerweise traf er niemanden auf dem Weg dorthin, auch nicht in den Umkleiden. Vielleicht war er ja der Erste auf dem Platz, er hatte sich schließlich beeilt.

Glücklicherweise erinnerte Zag sich an die Lektion zu den Olympischen Spielen, wie sie seit Jahrhunderten ausgeübt wurden, und daran, was Niko ihm über die traditionelle Sportbekleidung beigebracht hatte: Sportlerinnen und Athleten des Olymp kämpften nackt. Mannomann, bestimmt hätte er sich völlig blamiert, wenn Niko ihm das nicht beigebracht hätte. Also schlüpfte er aus seinen Klamotten, die Unterhose ließ er erst mal an, und packte alles in einen Spind. Dann folgte er der Beschilderung nach draußen auf den Übungsplatz.

Als er auf den Sandplatz hinaustrat, merkte er sofort, dass et-

was nicht stimmte. Denn er war ganz und gar nicht der Erste, sondern vielmehr der Letzte. Vor ihm standen in Reih und Glied ungefähr zwanzig Göttinnen und Götter. Davor marschierte eine Lehrerin auf und ab. Sie war nicht sonderlich groß, doch aus ihrem Rücken wuchsen breite Schwingen, so ähnlich wie die der Harpyien aus der Unterwelt. Nur dass ihre Flügel weiß waren und nicht so zerzaust.

Als sie Zag erblickte, blieb sie stehen und sah ihn mit hochgezogenen Augenbrauen an.

»Hast du dich verlaufen, Junge? Zum Schwimmunterricht geht es da lang.«

»Äh, nein, nein, ich möchte bei der Schulmannschaft mitmachen«, erklärte Zag.

In dem Moment drehten sich auch alle anderen zu Zag um.

»Sind das Blumen auf deiner Unterhose?«, fragte einer der größeren Jungs.

Eilig versuchte Zag, mit seinen Händen möglichst viel von seiner Blümchenhose zu verdecken. Er hatte ja nicht wissen können, dass er heute Sport machen würde, sonst hätte er die coolen

Shorts mit den Totenköpfen angezogen, auch wenn er die etwas gruselig fand.

Da merkte Zag mit einem Mal, was wirklich an der Situation nicht stimmte: Die anderen trugen alle Sporthosen und T-Shirts.

»Aber … aber, ich dachte … Was … Kämpfen Olympioniken nicht nackt?«, stotterte Zag.

Noch einen Moment lang glotzten ihn alle an, dann brachen sie in Lachen aus. Nur seine neue Sportlehrerin sah gar nicht begeistert aus.

»Lebst du hinter dem Mond, oder ist das ein schlechter Scherz?«, grollte sie und stach geradewegs auf ihn zu. Obwohl sie nicht größer war als Zag, hatte er trotzdem das Gefühl, mindestens einen Kopf kleiner zu sein.

»Wir sind doch nicht bei den Barbaren! Seit 300 Jahren wird nicht mehr nackt gekämpft. Zieh dir gefälligst was über!«

Damit warf sie ihm ein unerträglich nach Schweiß müffelndes Leibchen zu, was er sich widerstrebend überzog.

Sein Kopf fühlte sich so an, als würde er gleich platzen, so unangenehm war ihm die ganze Geschichte. Vor allem weil die anderen immer wieder zu ihm herübersahen, fies grinsten und über ihn redeten.

Immerhin ging es dann mit dem eigentlichen Training los.

»Nachdem jetzt endlich alle hier sind, möchte ich euch zum ersten Training der Olympioniken begrüßen. Wobei ihr noch keine Olympioniken seid. Um Teil der Schulmannschaft zu wer-

den, müsst ihr euch auf eine Disziplin festlegen und darin zu den Besten gehören. Schaut euch die einzelnen Sportarten an, probiert sie aus und zeigt, was ihr könnt. Am Ende der heutigen Einheit werde ich euch benoten und euch einer Disziplin zuordnen. In drei Monaten findet dann die Schulolympiade statt, oder wie wir es hier nennen: die Olympischen Spiele. Bei denen könnt ihr euer Können unter Beweis stellen. Noch Fragen?«

Keiner hatte Fragen. Deimos und Phobos schlugen sich gegenseitig auf die Schultern, Herakles lächelte siegesgewiss, und auch die anderen Göttinnen und Götter schienen genau zu wissen, wie die Sache ablief. Zag schöpfte etwas Mut, so schlimm konnte es nicht werden.

»Schneller, du lahme Ente«, brüllte ihn Coach Nike kurz darauf an. Wie sich herausstellte, stand die Göttin überhaupt

nicht darauf, wenn man beim 400-Meter-Lauf zwischendurch eine Pause zum Verschnaufen einlegte. »War das schon alles?«, brüllte sie, als Zag mit Deimos (oder war es Phobos?) ringen sollte, er sich aber doch lieber dafür entschied, davonzurennen, und schließlich über seine eigenen Füße stolperte.

»In Deckung!«, rief sie, als Zag den Diskus nicht nach vorn, sondern nach hinten in Richtung der anderen Götterkinder warf. Beim Speerwurf durfte er schließlich nicht mehr mitmachen und musste von der Bank aus zusehen.

Es war ein Desaster, eine Katastrophe, eine absolute Enttäuschung.

Als die Quälerei endlich vorbei war und sich alle wieder in der Mitte des Übungsplatzes versammelt hatten, las Coach Nike vor, wer es in

die Mannschaft geschafft hatte. Natürlich war Herakles dabei, er hatte in allen Bereichen die volle Punktzahl. Im Laufen sprengte er sogar den Bewertungsbogen. Deimos und Phobos schafften es ebenfalls in die Mannschaft sowie ein paar andere Göttinnen und Nymphen. Selbst Pan, der Gott mit den Hörnern und den Ziegenbeinen, der die ganze Zeit auf seiner Flöte gedudelt hatte und vom Rest gar nichts mitbekam, durfte bleiben. Zugegebenermaßen hatte er einen echt fiesen Tritt drauf, den Zag beim Boxen unsanft zu spüren bekommen hatte. Ein paar flogen raus, andere durften bleiben.

»Und nun zu dir, Zagreus.« Nike seufzte, und Zag hatte ein ganz schlechtes Gefühl im Bauch. »Du hast leider in keiner Disziplin auch nur einen Punkt bekommen. Es tut mir leid, aber ich kann dich nicht in die Schulmannschaft der Olympioniken aufnehmen.«

Der Rest des Tages verlief auch nicht besser. Zag stank wie das Sportleibchen, das sich mit dem Parfüm seiner Mum zu einem üblen Duft vermischte, und hatte Sand in den Ohren. Davon abgesehen hielten ihn wahrscheinlich alle für einen Freak und Versager. Es ging so weit, dass er sich in jedem Fach still und heimlich in die letzte Reihe setzte und mit niemandem mehr sprach. Das war gar nicht schwierig, denn alle hielten dank seines ihm vorauseilenden schlechten Rufes oder seines furchtbaren Körpergeruchs Abstand. Niemand wollte neben ihm sitzen, und leider hatten Morpheus und er an dem Tag auch keinen einzigen Kurs zusammen.

Zag aß sein zermatschtes Butterbrot ganz allein auf dem Schulklo, weil er sich nicht vorstellen konnte, dass irgendwer noch etwas mit ihm, Zag dem Superloser, zu tun haben wollte.

Er war fast dankbar, als der Schulgong ertönte und er endlich zurück zum Anleger laufen konnte, wo Charon bereits auf ihn und seine Schwestern wartete.

FREUNDE
FÜRS LEBEN

Seid nicht so hart zu Euch, Meister«, versuchte Niko ihn zu trösten, als Zag sich in seinem Zimmer unter der Bettdecke verkrümelt hatte. Den Seesack mit seinen Schulsachen hatte er achtlos in die Ecke gepfeffert und seiner Familie erzählt, dass er sich nicht wohlfühle, damit sie ihn in Ruhe ließ. Nicht dass sich irgendwer für seinen Tag interessieren würde … Na gut, seine Mum ausgenommen.

Kerby hatte seine Köpfe aufs Fußende von Zags Bett gelegt und döste vor sich hin.

»Sie hassen mich, Niko, wirklich! Alle reden hinter meinem Rücken über mich – ach, was sage ich, sie machen es nicht mal hinter meinem Rücken, sondern direkt vor mir.« Zag seufzte. »Und anscheinend scheitere ich ja schon an der ersten pupskleinen Aufgabe, weil ich es nicht mal in die Schulmannschaft schaffe. Spätestens in drei Monaten unterrichtest du mich wieder,

falls du mich im Tartaros überhaupt besuchen darfst und ich dort das Sommercamp überstehe. Das Thema Olymp ist gestorben …«

Niko schwebte zu seinem Schüler und setzte sich neben ihn. »Das war gerade mal Euer erster Tag. Gebt den anderen Göttern erst mal Zeit, Euch besser kennenzulernen. Ihr werdet im Nu Freunde finden«, war er sich sicher.

Aber Zag schüttelte unter der Decke nur den Kopf. »Wer will schon mit mir befreundet sein?«

Niko seufzte. »Kerby und ich sind Eure Freunde, weil wir Eure Qualitäten kennen und Euren Humor zu schätzen wissen. Eure … Schrulligkeiten machen Euch doch erst zu etwas Besonderem.«

»Das ist es!« Mit einem Ruck warf Zag die Decke von sich und setzte sich auf, wovon Kerby wach wurde und genüsslich gähnte. »Du hast völlig recht, Niko! Ich muss weniger wie ich sein und mehr wie die anderen.«

»Nun, so meinte ich das eigentlich nicht …«

»Na klar, niemand will mit einem Grufti wie mir abhängen. Gewinnertypen wie Herakles wissen, wo es langgeht. Oder Leute wie Deimos, Phobos und Pseudea, die sich einfach nehmen, was sie wollen.«

Zag sprang aus dem Bett und riss seinen Kleiderschrank auf, in dem hauptsächlich die Farbe Schwarz vertreten war – Nachtschwarz, Obsidianschwarz, Lakritzschwarz, ein paar schöne Teile in Rußschwarz. Eine Tunika nach der anderen zog er heraus, schmiss sie achtlos hinter sich und kramte weiter, bis er gefunden

hatte, was er suchte: ein zerknülltes, weißes Bettlaken. Das warf er sich wie ein Gewand um, anschließend malte er mit etwas Kreide einen Blitz auf seine schwarzen Sandalen und posierte damit vor dem Spiegel. Gar nicht schlecht.

Niko sah ihn dabei etwas schief an, Kerby hechelte, und ein Kopf schnappte nach einer Fliege.

»Ich muss mich einfach in sie hineinversetzen und mehr wie sie sein. Wenn ich auf dem Olymp zurechtkommen will, muss ich auch mehr wie ein olympischer Gott aussehen, mich wie einer verhalten und denken …«

»Meister Zagreus, das war wirklich nicht meine …«

»Doch, doch, Niko, du hast völlig recht! Ich hätte mich nicht so leicht unterkriegen lassen sollen. Ab morgen weht ein anderer Wind auf dem Olymp!«

Und tatsächlich begann der nächste Tag schon viel besser als der letzte. Natürlich wurde Charons Boot wieder auf dem Weg zur Schule gerammt (»He, ihr Gauner!«). Und Zag ignorierte gekonnt die Kommentare von seinen Schwestern (»Wie siehst du denn aus, Zaggilein?«). Aber als sie dieses Mal am Anleger hielten und Zag vom Boot sprang, stellte ihm niemand ein Beinchen. Viel eher bildeten die anderen Götterkinder eine Art Spalier, glotzten ihn zwar an, aber ließen ihn in Ruhe.

»Jo, Leute, alles cool? Schicke Sandalen, Eos. Mannomann, starke Frisur, Iris, kannst du wirklich tragen. Hey, was geht, Deimos?«

Der Junge vor ihm drehte sich um und starrte Zag an.

»Ich bin Phobos, du Wicht. Was soll das für ein Aufzug sein? Ist das ein Bettlaken?!«

»Nett von dir, dass du fragst. Ich dachte, ich versuche es auch mal mit Weiß. Das scheint hier ja die angesagte Farbe zu sein. Obwohl Weiß eigentlich keine Farbe ist … Na, wie sieht's aus? Wollen wir nach der Schule noch ein bisschen zusammen abhängen, die Seele baumeln lassen, relaxen, chillen?« Zag stemmte die Hände in die Seite und zwinkerte Phobos zu. Das lief doch wie am Schnürchen.

»Hey, Zag, gut dass du hier bist, ich hab dich schon überall gesucht!« Morpheus war plötzlich wie aus dem Nichts neben Zag aufgetaucht, legte einen Arm kumpelhaft um seine Schulter und zog ihn mit sich.

»Moment, ich unterhalte mich doch gerade mit meinem guten Freund Phobos«, hielt Zag dagegen.

»Zieh Leine«, maulte der.

Okay, vielleicht war die Sympathie doch einseitig.

»Vertrau mir, Zag, es ist zu deinem Besten«, behauptete Morpheus und führte ihn quer über den Schulhof, durch das Rektorat und vorbei an der Halle der Helden. Zag schaffte es gerade so, einen Blick hineinzuwerfen, und entdeckte im Vorbeigehen

das Füllhorn des Dionysos und die goldene Büchse der Pandora. Was für magische Gegenstände dort wohl noch in den gläsernen Vitrinen aufbewahrt wurden?

»He, ich hatte alles im Griff! Wohin bringst du mich überhaupt?«

»Wir sind gleich da. Nur noch die Treppe rauf«, meinte Morpheus.

Seltsamerweise trafen sie auf immer weniger Schülerinnen und Schüler. Anscheinend war das ein eher verlassener Teil der Olympia Akademie. Schließlich blieb Morpheus vor einer kleinen Holztür stehen und klopfte in einem komplizierten Rhythmus gegen das Holz. Darauf folgte erst Stille, dann ein Tippeln, und schließlich wurde ein Sichtschlitz zur Seite geschoben.

»Passwort?«, fragte eine Stimme.

»*Die Sterne lügen nicht*«, zitierte Morpheus.

»Das ist leider nicht korrekt, wir haben das Passwort geändert«, erklärte die Stimme hinter der Tür.

»Wie, ihr habt das Passwort geändert? Eben war es noch dasselbe«, stieß Morpheus aus.

»Das stimmt, aber du hast selbst gesagt, dass wir es regelmäßig ändern müssen, damit sich keine Unbefugten Zutritt zu unserem Geheimversteck verschaffen.«

Morpheus wuschelte sich durch die Haare. »Du darfst doch nicht sagen, dass es ein Geheimversteck ist, Filly. Ich könnte ja sonst wer sein.«

»Aber ich kann doch sehen, dass du es bist«, entgegnete Filly. »Okay, ich gebe dir einen Tipp: *Bis zur Unendlichkeit* …«

»Ehm, kannst du nicht einfach aufmachen, ihr kennt euch doch offensichtlich?«, schlug Zag vor.

»Oh, wer bist denn du? Ein neues Gesicht an der Schule! Klar, komm gerne rein!« Und damit hörte man erst das Schaben eines Stuhls, der offenbar von der Tür weggezogen wurde, dann riss eine erstaunlich kleine Göttin die Tür auf und ließ Zag und Morpheus eintreten.

»Filly, wir müssen noch mal unser Geheimversteck-Konzept überdenken …«, murmelte Morpheus.

»Hi, ich bin Filly, das steht für Philotes – ich bin die Göttin der Freundschaft, Morpheus' Halbschwester. Schön, dich kennenzulernen, ich glaube, wir werden sehr gute Freunde …« Damit sprang sie auf Zag zu und schlang die Arme um ihn. Wollte sie ihn zerquetschen oder in den Schwitzkasten nehmen? Das würden auf jeden Fall seine Schwestern tun. Doch das hier fühlte sich zwar etwas seltsam an, aber irgendwie auch gut.

»Zag«, stellte er sich vor.

»Das ist nicht irgendein Zag, Leute! Das ist Zagreus, der Sohn vom großen Gott Hades, dem Herrscher der Unterwelt – er ist der Prinz der Unterwelt!«, stieß Morpheus begeistert aus. Komisch, sonst interessierte sich meistens niemand für Zag, aber irgendetwas schien Morpheus in ihm zu sehen.

»Uuuuuuuh«, raunte Filly beeindruckt. »Freut mich, Zag – was

96

für eine Ehre! Das hier ist das Geheimversteck von Morpheus, Daphne und mir, dem *Club der kleinen Götter*: die alte Sternwarte.«

Filly ließ Zag los und trat einen Schritt zurück. Zag ließ seinen Blick über sie hinweg durch die Sternwarte wandern und kam aus dem Staunen gar nicht mehr raus, als er das riesige Teleskop sah, das den größten Teil des Raumes einnahm. Überall türmten sich astronomische Bastelprojekte von Schülern: riesige Planeten aus Pappmaché und Marmortafeln, die den Kosmos zeigten. In einer Ecke hatten sich Morpheus und seine Freundinnen eine kleine Sitzecke eingerichtet mit Kissen, ein paar Krügen und etwas Obst. Ein richtiges Bandenhauptquartier. Es war perfekt.

»Daphne, jetzt komm doch mal und stell dich unserem neuen Freund vor!«, forderte Filly sie auf.

Aus dem Schatten des Teleskops trat eine Göttin hervor. Sie war bestimmt anderthalb Köpfe größer als

Zag, hatte breite Schultern und trug einen Köcher voller Pfeile und einen Bogen auf dem Rücken.

»Hey«, murmelte sie und verschränkte die Arme. »Ich hoffe, du machst uns keinen Ärger. Sonst …« Sie fuhr sich mit einem Finger über den Hals.

»Äh, klaro. Ich komme in Frieden. Sag mal, sind Waffen in der Schule überhaupt erlaubt?«

Zur Antwort funkelte sie Zag an und zischte: »Ich behalte dich im Auge!«

Zag schluckte.

Filly ging zu Daphne und stieß sie mit dem Ellbogen in die Seite – oder eher in die Hüfte, höher kam sie nicht. »Jetzt sei doch nicht so eine Miesmuschel, Daphne, Zag ist unser Gast! Und wie sind wir zu Gästen?«

Daphne schnaubte und rollte mit den Augen. »Freundlich.«

»Und?«

»Zuvorkommend.«

»Na bitte!«

»Okay, Leute, ich habe Zag mitgebracht, weil ich glaube, dass wir uns gegenseitig helfen können!«, schaltete sich Morpheus wieder ein. »Zag würde gerne der Schulmannschaft beitreten. Und was man so auf dem Schulhof hört … lief es auf dem Übungsplatz eher mittelprächtig.«

Daphne musterte ihn von Kopf bis Fuß.

»Jaja, ich weiß, dass ich nicht wie ein Sportler aussehe …« Zag

winkte ab, doch dann fiel ihm etwas ein. »Aber warum wollt ihr mir überhaupt helfen?«

Morpheus zuckte mit den Schultern. »Schau uns an, Zag, wir sind in den Augen der anderen nur kleine unbedeutende Götter – so wie du …«

»Was soll das denn heißen?«

»Niemand interessiert sich für uns, alle halten uns für schwach«, fuhr Morpheus fort. Seine Augen leuchteten träumerisch. »Es wäre wirklich schön, wenn uns die anderen auch mal sehen könnten und merken, was in uns steckt.«

Filly legte Morpheus eine Hand auf die Schulter.

Zag verstand, was er meinte. Sie alle waren nicht so krass wie ihre Eltern oder Herakles, aber wenn sie zusammenhielten, könnten sie vielleicht trotzdem etwas bewegen. Außerdem lief ihm die Zeit davon, er brauchte Unterstützung und hatte keine Alternativen. Er würde den dreien eine Chance geben, vielleicht konnten sie ihm ja wirklich helfen.

»Einverstanden, ich bin dabei! Womit fangen wir an?«

»Moooment«, ging Daphne dazwischen. »Du bringst diesen Gott mir nichts, dir nichts in unser Versteck, Morpheus, und jetzt sollen wir ihm vertrauen? Einfach so?«

Morpheus zuckte mit den Schultern. »Na ja, ich glaube, Zag hat das Zeug dazu …«

»Also ich mag ihn«, stimmte Filly zu und strahlte.

»Ich sage, wir machen es folgendermaßen: Er muss erst bewei-

99

sen, dass es ihm ernst ist!« Daphne verschränkte die Arme vor der Brust. Sie schien nicht mit sich reden zu lassen.

Zag zuckte mit den Schultern. »Kein Problem. Sagt mir, was ich tun muss. Ich bin der Meister der Pläne, das wird ein Klacks!«

EIN KLEINER
VERTRAUENSBEWEIS

Hoffentlich hatte Zag sich da mal nicht zu weit aus dem Fenster gelehnt. Außerdem hatte er für die Aktion eigentlich keine Zeit, schließlich musste er noch die Aufgaben seines Vaters erfüllen und es irgendwie in die Schulmannschaft schaffen. Aber die drei hatten versprochen, ihm zu helfen, wenn er ihr oder besser gesagt Daphnes Vertrauen gewann. Davon abgesehen fand Zag das Hauptquartier ziemlich cool und wollte schon immer zu einem richtigen Club dazugehören!

Es blieb ein mulmiges Restgefühl in der Magengegend, als er sich mit Morpheus auf den Weg zur nächsten Unterrichtsstunde machte. Sie hatten Astronomie bei Urania, der Muse der Sternenkunde. Daphne ging lieber zum Bogenschießen bei Artemis, der Göttin der Jagd, während Filly eine Stunde Nähkunst und Design bei Hera hatte.

Morpheus hatte bereits angekündigt, dass Urania seine Lieb-

lingslehrerin war, aber das konnte auch am Fach selbst liegen. Schließlich war Morpheus nicht nur im Astrologie-Club, der zumindest entfernt etwas mit Sternenkonstellationen zu tun hatte, sondern auch ganz nebenbei der Gott der Träume. Kein Wunder, dass er eine Schwäche für Planeten und so einen Kram hatte.

Alle holten ihre Wachstafeln heraus, denn sie sollten die Sternbilder der Milchstraße aufzeichnen und beschriften und die Planeten anschließend aus Pappe nachbasteln und bemalen. Glücklicherweise durften sie das als Gruppenarbeit erledigen, und Morpheus half Zag, wo er nur konnte (»Auch wenn es schöner aussieht, Zag, auf dem Mars wachsen keine Blumen! Das ist ein Wüstenplanet.«). Obwohl Astronomie nicht sein Steckenpferd war, machte es Zag Spaß, zusammen mit Morpheus Zeit zu verbringen. Nicht mal das Furzkissen, das ihm jemand untergeschoben hatte und für einen peinlichen Moment sorgte, warf ihn aus der Bahn.

Von Urania bekamen sie am Ende der Stunde für ihre Nachbildung der Milchstraße das Lob »Interessant …«. Für Zag war es ein voller Erfolg.

»Die nächste Stunde ist Schmiedekunst bei Hephaistos«, erklärte Morpheus Zag, nachdem der Unterricht bei Urania durch das Schrillen der Schulklingel beendet worden war. Nebeneinander liefen sie durch den Rundgang an ein paar Klassenzimmern vorbei, bis sie vor einer Eisentür stehen blieben. Von drinnen war bereits das mehr oder weniger rhythmische Aufeinandertreffen

von Metall auf Metall zu hören. Eigentlich wäre Schmiedekunst kein Fach, das Zag sich freiwillig antun würde. Viel lieber würde er den parallel stattfindenden Tanzkurs bei der Muse Kalliope besuchen, denn Zag legte eine ganz flotte Sohle aufs Parkett.

»Alles klar, und was ist jetzt meine Aufgabe?«, fragte Zag.

»Ich hab dir ja erzählt, dass ich versucht habe, in Hephaistos' Träume einzudringen, um an den Bewertungsbogen zu gelangen, was offensichtlich nicht geklappt hat …«

»Offensichtlich nicht …« Zag schwante Übles.

»Da ich aus seinem Unterricht geschmissen wurde, dachte sich Daphne, dass du die Aufgaben besorgen könntest«, endete Morpheus und grinste Zag zerknirscht an.

»Ich muss also nur die Aufgaben klauen und sie euch bringen?«

»Korrekt.«

Zag nickte zuversichtlicher, als er sich fühlte. »Dann wollen wir mal!«

Nachdem Zag mehrfach angeklopft und niemand geantwortet hatte, drückte er die Eisentür auf und blickte vorsichtig in den Raum. Der befand sich offenbar an der Rückwand der Akademie, denn die Wände gingen in den rauen Fels des Bergs über. Ein riesiger Ofen nahm den Großteil des Raumes ein, rundherum befanden sich ungefähr zwanzig Ambosse, an denen bereits ein paar Schülerinnen und Schüler zugange waren. Auf der anderen Seite erkannte Zag Filly. Hitze schlug ihm entgegen, als er einen Fuß über die Schwelle setzte.

Bevor er sich auch nur weiter umsehen konnte, landete eine Pranke wie ein Schraubstock auf seiner Schulter.

»Du musst der Neue sein! Willkommen in der Akademie und in meinem Schmiedeunterricht! Schnapp dir eine Schürze, und dann ran an den Hammer!«, dröhnte eine Stimme an seinem Ohr, und jemand lachte so laut, dass es durch die gesamte Werkstatt hallte.

Zag blickte nach oben. Der Arm gehörte zu niemand anders als Hephaistos persönlich. Der Bart des Schmiedegottes war in viele kleine Zöpfe geflochten, er trug eine Lederschürze mit tiefen Taschen, die über Brust, Bauch und Beine reichte, und seine Oberarme waren so breit und muskulös, dass Zag sich vorstellte, wie Hephaistos ohne Probleme zehn Ambosse auf einmal hob.

Den Typen sollte er also bestehlen? Na, das konnte ja heiter werden! Zag schluckte. Dann wand er sich aus Hephaistos' Griff, nahm eine der Schürzen, die neben der Tür hingen, und ging zu einem noch freien Amboss. Testweise hob Zag den Hammer, der darauf lag. Er brauchte beide Hände, um ihn überhaupt zu bewegen. Daneben befand sich eine Zange, mit der man wahrscheinlich das Metall in der Glut des Ofens erhitzte. Zag schwitzte jetzt schon.

»He, Grufti, was machst du denn hier? Verfolgst du uns etwa?«

Bitte nicht. Links von Zag standen die Zwillinge Deimos und Phobos zusammen an einem Amboss und schienen gerade an

einer mörderisch langen und gezackten Schwertklinge zu arbeiten. Vielleicht hatte er das mit der Schmiedekunst auch falsch verstanden, aber Zag war davon ausgegangen, dass sie hier vielleicht Ohrringe und ein paar schöne Armreife für Muttertag anfertigen würden.

Er brauchte einen Plan, wie er die Zwillinge und Hephaistos ablenken konnte, um die Aufgaben zu mopsen. Allerdings musste er erst mal herausfinden, wo sich ebenjene befanden.

Wie sich herausstellte, war das der einfachste Teil, denn kurz darauf ergriff Hephaistos das Wort: »Liebe Lehrlinge, wie ihr bereits wisst, arbeiten wir dieses Jahr an einem einzigen Schmiedestück. Wenn das Schuljahr zu Ende geht, präsentiert ihr eure Werke in einer Sonderausstellung in der Halle der Helden. Eine Jury bestehend aus Schulleiterin Athene, Hermes«, er knirschte unmerklich mit den Zähnen, »und mir wird eure Werke anhand eines Bewertungsbogens benoten.« Dabei klopfte er wie zur Bestätigung auf die linke Schürzentasche. Bingo. Operation *Hammer, Hitze, Heldentat* konnte beginnen.

Jetzt musste er nur noch für das perfekte Ablenkungsmanöver sorgen. Zag blickte sich um. Irgendwas in Brand zu stecken war keine gute Idee. Er könnte einen Streit mit den Zwillingen vom Zaun brechen, dafür musste er sie wahrscheinlich nur schief angucken. Aber als Zag einen erneuten Blick auf deren »Schulprojekt« warf, sah er auch davon ab – das könnte ins Auge gehen, im wahrsten Sinne des Wortes.

Hephaistos ging währenddessen von Amboss zu Amboss und gab den Schülerinnen und Schülern Tipps und Ratschläge zu ihren Werken. Da kam Zag eine Idee. Er hob die Hand und schnippte, damit der Lehrer auf ihn aufmerksam wurde.

»Was kann ich für dich tun, junger Mann?«, fragte Hephaistos und fuhr sich mit der Hand durch den Bart.

»Ich überlege noch, wie genau mein Projekt für dieses Jahr aussehen soll«, begann Zag. »Ich dachte an eine Nachahmung von Hades' Zweizack.«

Sein Lehrer zog die Augenbrauen zusammen. »Hades' Zweizack? Du meinst den Stab, der Hades, dem Gott der Unterwelt, unbändige Kraft verleiht? Also grundsätzlich bin ich für ambitionierte Projekte jederzeit zu haben, allerdings ist das eine viel zu mächtige Waffe, und außerdem übersteigt es die Fähigkeiten für Schüler dieses Kurses.«

Zag ließ die Schultern hängen und zog einen Schmollmund. »Hermes hat mir schon vorausgesagt, dass Sie das sagen würden …«

Das Gesicht von Hephaistos verzog sich und wurde tomatenrot. »Hermes hat was gesagt?«

»Na ja, er meinte, dass Sie Ihren Schülern nichts zutrauen, weil Sie es selbst nicht draufhaben … Und dann hat er diese peinliche Geschichte von Ihnen und Ares erzählt, dabei ging es um einen Schild und …«

»Er hat WAS getan!?«, brüllte der Gott der Schmiedekunst.

Praktischerweise hatte sich Zag daran erinnert, dass Hermes in der Unterwelt diesen bescheuerten Witz erzählen wollte. Offenbar waren er und Hephaistos nicht besonders gut aufeinander zu sprechen. Keine Ahnung, worum es dabei ging. Aber seine Worte verfehlten ihre Wirkung nicht im Geringsten.

Hephaistos zerquetschte einen Hammer in seiner Faust und stürmte zur Tür. Dann tat er genau das, worauf Zag gehofft hatte: Er hängte seine Schürze neben der Tür am Haken auf und stampfte aus der Schmiede. Der Rest war ganz einfach. Während sich die anderen nach dem Wutausbruch ihres Lehrers wieder über ihre Schwerter, Rüstungen und was auch immer beugten, schlenderte Zag Richtung Ausgang.

»Ich muss mal ganz dringend für kleine Hydras«, ließ er seine Klasse wissen. Deimos und Phobos warfen ihm böse Blicke zu und drehten sich dann wieder ihrem Schwert der flammenbringenden Verdammnis zu.

Als er seine Schürze ebenfalls aufhängte, fuhr Zags Hand blitzschnell in die Tasche von Hephaistos' Schürze und erwischte eine kleine Papyrusrolle.

Morpheus strahlte übers ganze Gesicht und klatschte in die Hände, als Zag ihm kurz darauf den Bewertungsbogen vor die Nase hielt. Zag konnte selbst nicht glauben, dass ein Plan von ihm tatsächlich auf Anhieb funktioniert hatte.

»Wunderbar! Du hast es geschafft! Das war ein echter Vertrauensbeweis! Herzlich willkommen im Club der kleinen Götter«,

107

sagte Morpheus feierlich. »Dann sollten wir zuallererst herausfinden, in welcher Sportart du die größten Chancen hast!«

Zag grinste. Das würde ein Kinderspiel werden.

DAS GLÜCK DER ERDE LIEGT
AUF DEM RÜCKEN DER PFERDE

Wie sich herausstellte, war es absolut kein Kinderspiel herauszufinden, welcher Sport Zag noch am meisten lag.

In der nächsten Freistunde kehrten sie zurück in die alte Sternwarte, und Daphne bot sich beim Ringen und Boxen als Trainingspartnerin an. Und ganz gleich, was Zag auch versuchte, er hatte einfach keine Chance gegen die Nymphe – die Naturgöttin war äußerst zäh und ausdauernd. Nach zehn Minuten im Ring hatte er das Gefühl, dass sein gesamter Körper ein einziger blauer Fleck war.

Nachdem Zag um Gnade gefleht hatte, wollte Morpheus die Strategie ändern. Zusammen mit Filly baute er in der Sternwarte einen kleinen Hindernisparcours auf, der einmal um das Teleskop in der Mitte herumführte. Das sollte den Hürdenlauf simulieren. Daphne machte es mühelos vor, und Zag musste hinterherlaufen. Die erste Hürde nahm er noch einigermaßen locker. Bei der zwei-

ten blieb er bereits mit seiner Sandale hängen und riss das Hindernis mit sich zu Boden. Schließlich endete es in einem unschönen Knäuel aus verrenkten Körperteilen und einem Wischmopp.

»Leute, ich weiß eure Bemühungen zu schätzen, aber anscheinend bin ich nicht so talentiert, wie ich immer dachte. Das hat mir Coach Nike auch schon im Sportunterricht deutlich vor Augen geführt«, stieß Zag enttäuscht aus, als er sich zu einer Verschnaufpause hinsetzte und Filly ihm einen Verband anlegte. »Dabei habe ich die Seelen in der Unterwelt immer im Schattenboxen besiegt … Langsam glaube ich, die haben mich nur gewinnen lassen …« Er ließ den Kopf hängen.

»Wenn Daphne kein Lampenfieber hätte, würde sie für uns antreten. Aber du bist unsere einzige Hoffnung! Und natürlich bist du talentiert«, versuchte Filly, ihn aufzumuntern, »nur vielleicht liegen deine Stärken nicht im sportlichen Bereich …«

Morpheus hatte alle zur Auswahl stehenden Sportarten auf eine Wachstafel gekritzelt. Laufen, Ringen, Boxen und Diskuswerfen waren bereits durchgestrichen. Er zuckte mit den Schultern und kratzte sich mit dem Holzstift hinterm Ohr. »Vielleicht sollten wir uns nicht darauf konzentrieren, worin Zag besonders gut ist, sondern eher darauf, wo die Konkurrenz besonders schwach ist …«

Wow, der wusste, wie man Motivationsreden hält.

»Was ist die unbeliebteste Sportart bei den Olympischen Spielen?«

»Bowlen?«, versuchte es Zag.

»Die, die den wenigsten Ruhm einbringt?«, bot Filly an.

»Bingo! Und welche ist die Sportart, bei der man am wenigsten machen muss und es nicht auf die eigene Fitness ankommt ...«

»Dart?«, riet Zag erneut.

Daphne schlug sich vor die Stirn. »Wagenrennen.«

»Exakt. Wagenrennen bieten zwar eine tolle Show, aber schon immer waren der Wagen und die Zugtiere das Highlight. Der Lenker ist eher zweitrangig. Götter wie Herakles wollen sich nicht hinter einem Rennstall verstecken, sie wollen allein mit ihrer sportlichen Leistung im Mittelpunkt stehen.«

Filly nickte. »Könnte klappen! Die Proberennen finden heute Nachmittag im Stadion statt.«

Warum nicht? Einen Versuch war es wert. Es gab dabei aber ein Problem ...

»Und wo bekommen wir einen Wagen her?«

Tatsächlich war es Zags kleinstes Problem, einen Wagen und Pferde für das Proberennen zu bekommen, denn die stellte die Schule. Für die Olympischen Spiele müsste er allerdings einen eigenen Streitwagen und Zugtiere organisieren – falls er sich überhaupt für die Schulmannschaft qualifizierte. Ein Schritt nach dem anderen, dachte Zag, und ein gutes Pferd sprang bekanntlich nicht höher, als es musste.

Als Zag, Morpheus, Daphne und Filly beim Stadion eintrafen, rasten bereits zwei Streitwagen über die Bahn. Das sah ziemlich schnell aus … und ziemlich gefährlich. Zag wischte sich die Haare aus der Stirn und merkte, dass seine Hände schon wieder schweißnass waren. Hoffentlich würden ihm die Zügel nicht einfach durch die Finger flutschen.

Morpheus klopfte ihm aufmunternd auf die Schulter. »Das macht bestimmt Spaß!«

Es half nicht gerade, dass genau in diesem Moment ein Wagen erst von der Strecke abkam und dann aus dem Stadion ausbrach und mit einer schreienden Göttin Richtung Klippe davonfuhr. Und kurz darauf gingen die Pferde von einem anderen Streitwagen durch, woraufhin das Gefährt gegen die Bande bretterte und Räder durch die Gegend flogen.

»Nicht schon wieder ein kaputter Wagen – he, die Schule hat nur ein begrenztes Budget!«, fluchte Coach Nike, die am Rand des Stadions stand, und blies in eine Trillerpfeife. Daraufhin rannten Amazonen zur Unfallstelle und zogen einen unverletzten, aber etwas verwirrt dreinblickenden Jungen aus den Trümmern.

Immerhin war die Konkurrenz überschaubar, nur eine Handvoll weiterer Götter und Göttinnen trieb sich hier herum. Offenbar diejenigen, die wie Zag in den anderen Disziplinen versagt hatten und in den Wagenrennen ihre letzte Chance sahen.

Als Coach Nike Zag erblickte, rutschten ihre Mundwinkel nach unten.

112

»Was machst du denn hier? Ich dachte, ich hätte mich klar ausgedrückt?«

Morpheus gab Zag einen sanften Stoß, Filly zeigte ihm zwei Daumen nach oben, Daphne brummte.

»Ich bin gekommen, um an dem Proberennen teilzunehmen«, verkündete Zag und stemmte dabei die Hände in die Seiten.

Coach Nike seufzte und schüttelte den Kopf. »Wenn es sein muss. Immerhin hast du dieses Mal Klamotten an …« Sie wies hinter sich auf die Ställe. »Da hinten bekommst du einen Wagen und deine Pferde sowie Schutzkleidung. In zehn Minuten bist du zurück. Dann trittst du gegen Zelos an.«

Schutzkleidung klang schon mal vielversprechend, dachte Zag. Allerdings musste er, als sie bei den Ställen ankamen, feststellen, dass es sich dabei nur um eine lederne Kappe handelte. Ob die ihm bei einem richtigen Unfall wirklich das Leben retten würde, blieb zumindest zweifelhaft. Filly freundete sich sofort mit den Pferden an, während Morpheus und Zag den klapprigen Wagen inspizierten.

»Ich bin ja kein Profi, aber soll das Brett hier lose sein?«, fragte Zag und hielt es kurz darauf in der Hand.

Morpheus zuckte mit den Schultern. »Das ist bestimmt richtig so!«

Daphne lehnte an einer Box und sah dabei zu, wie die anderen die Pferde vor den Wagen spannten. Es waren zwei alte Klepper, die nicht so wirkten, als könnten sie einen Hering vom Teller ziehen.

»Sie sind zwar schon älter, aber erfahrene Rennpferde«, meinte Filly.

»Und woher weißt du das?«, wollte Zag wissen.

»Na, sie haben es mir erzählt!«

»Okay, klar.« Das wurde ja immer besser. »Leute, ich setze hier meine Gesundheit aufs Spiel – das ist doch kein Witz! Ich dachte, ihr wollt mir helfen, aber ihr nehmt die Sache überhaupt nicht ernst. Wir haben nicht mal einen Plan! Und ich muss es wissen, schließlich bin ich der Meister der Pläne.«

Da schlug Daphne mit der Faust gegen die hölzerne Box, woraufhin Pferde und Götter einen Satz machten.

»Reiß dich zusammen!« Sie baute sich vor Zag auf, sodass er den Kopf in den Nacken legen musste. »Wenn Filly sagt, dass es Rennpferde sind, dann sind es Rennpferde.«

Sie funkelte ihn wütend an. Doch Zag hatte die Nase voll davon, dass er ständig auf der Nase landete, Prügel kassierte und seinen Hals riskierte, und funkelte wütend zurück.

Da drängte sich Filly zwischen die beiden und schob sie auseinander. »Kommt schon, wir sind doch Freunde. Und Freunde helfen sich.« Sie sah beide nacheinander an. »Ich habe mit Blitz und Donner gesprochen. Sie sagen, dass du die ersten beiden Runden ruhig angehen sollst. Die meisten Rennfahrerinnen und Wagenlenker übertreiben es direkt am Anfang, sodass sie entweder einen Unfall bauen oder die Pferde auf den letzten Metern total erschöpft sind. Zieh das Tempo erst in der dritten und letzten

Runde an, dann legen die beiden einen Sprint hin, für den du dich besser anschnallen solltest!« Filly grinste zufrieden. »Wenn das kein Plan ist, weiß ich es auch nicht!«

Zag blickte von Filly zu den beiden Pferden. Der Gaul mit dem staubgrauen Fell kaute wie in Zeitlupe auf einem Grashalm, während sein braun gescheckter Kumpel schnaubte und die Mähne schüttelte, wobei jeder Knochen knackte.

»Vertrau mir«, sagte Filly.

Zag seufzte und dachte an die magische Schriftrolle. Ihm blieb keine andere Wahl. »Alles klar, Mission *Hals- und Achsenbruch* kann starten.«

Kurz darauf stand er auch schon mit seinem Wagen, Donner und Blitz davorgespannt, an der Startlinie. Morpheus, Filly und Daphne hatten auf der Tribüne Platz genommen und feuerten ihn an.

Neben Zag fuhr ein weiterer Wagen in Position. Die Pferde sahen deutlich jünger und kräftiger aus, schnaubten aufgeregt und tänzelten auf der Stelle. Der Junge, der den Streitwagen lenkte, hüpfte von einem Bein aufs andere. Das musste wohl Zelos sein.

»Möge der Bessere gewinnen. Und nur zur Info, ich bin in jedem Fall der Bessere und werde gewinnen!«, zischte er Zag zu. »Darauf habe ich mich wochenlang vorbereitet.«

In Zags Ohren klang das etwas übereifrig. Aber er musste gestehen, dass die Pferde einen kämpferischen Eindruck machten. Im Gegensatz zu seinen Opis.

»Blitz, Donner, lasst mich jetzt nicht hängen«, flüsterte er ih-nen zu, tätschelte ihnen noch mal die Hälse und nahm dann die Zügel in die Hand.

»Alles klar, Jungs, ihr kennt die Regeln: Ihr fahrt drei Runden im Stadion. Der Gewinner qualifiziert sich für die Schulmann-schaft.« Nike beäugte beide. »Es wird weder getreten noch ge-bissen oder anderweitig geschummelt. Das gilt für Pferde und Wagenlenker.« Sie nahm die Trillerpfeife in die Hand. »Auf mein Kommando: Drei …«

Zags Hände waren so nass, dass die Zügel darin tatsächlich hin und her glitschten.

»Zwei …«

Er sah zu Morpheus, Daphne und Filly, die ihn anlächelten. Okay, zugegeben, Daphne sah so schlecht gelaunt wie immer aus.

»Eins …«

Zags Herzschlag setzte aus, und er wagte es nicht, zu atmen.

Dann blies Coach Nike in die Pfeife – und die Pferde presch-ten los.

Zelos schoss mit seinem Wagen sofort in einem atemberauben-den Tempo davon, während Blitz und Donner etwas mehr Anlauf benötigten, um Geschwindigkeit aufzunehmen. Zag hatte den-noch Mühe, nicht sofort rückwärts hinunterzufallen – es wackelte und ruckelte entsetzlich.

Die Räder von Zelos' Wagen wirbelten so viel Staub auf, dass Zag kaum etwas sehen konnte und husten musste. Dafür hörte

er die Stimmen von Morpheus und Filly: »Los, Zag! Du schaffst das!«

Als sich der Staub etwas legte, bekam Zag Panik, denn Zelos war bereits zwei Wagenlängen voraus.

Nach der ersten Runde sah es noch schlechter aus, denn der Abstand hatte sich mittlerweile auf drei Wagenlängen vergrößert. Aber Zag blieb der Taktik treu, die Filly im eingebläut hatte und die sich spätestens kurz vor Ende der zweiten Runde auszahlte. Denn der Wagen von Zelos wurde immer langsamer, obwohl er weiterhin die Zügel knallen ließ.

»Nun macht schon, ihr langsamen Gäule! Ich bin hier, um zu gewinnen! Wenn ihr nicht schneller lauft, gibt es heute Abend Sauerbraten.«

Doch Zag erkannte, dass die Pferde völlig ausgepowert und am Ende ihrer Kräfte waren, während Blitz und Donner zwar ebenfalls schnaubten, aber scheinbar noch genügend Reserven hatten. Und die mobilisierten sie in der letzten Runde.

»Zag! Zag! Zag! Zag!«, hörte er wieder die Rufe der anderen.

Er war versucht, die Pferde schneller anzutreiben. Aber dann dachte er an Filly. Sie hatte ihn darum gebeten, ihr zu vertrauen. Und das tat er nun auch. Er ließ die Zügel einfach los und hielt sich am Wagen fest. Jetzt lag die Verantwortung völlig bei Blitz und Donner. Zags Wagen kam immer näher an den von Zelos ran, aber es würde eine höllisch knappe Kiste werden. Und vielleicht hätte Zelos sogar gewonnen – das konnte nur das

Orakel von Delphi beantworten – aber genau in dem Augenblick brach die Achse von Zelos' Wagen unter der starken Belastung. Die Räder knickten einfach zur Seite, der Rumpf setzte auf dem Boden auf, und die Pferde kamen schlitternd zum Stehen. Als Zag über seine Schulter blickte, sah er noch, wie Zelos mit einem Salto über die Pferde flog und auf seinem Hintern landete.

»Nicht schon wieder ein Wagen!«, hörte er Coach Nike brüllen.

Aber das alles war Zag egal, als er mit Donner und Blitz über die Ziellinie galoppierte. Sie hatten gewonnen! Zag sprang vom Wagen und drückte die Köpfe der Pferde an sich.

»Ihr seid die krassesten Rennpferde, die ich je gesehen habe! Ihr habt euch einen Riesensack voll Hafer verdient!«

Er konnte es selbst nicht glauben, dass der Plan aufgegangen war. Erst als die anderen zu ihm rannten und Morpheus ihn mit seiner Umarmung fast aus den Sandalen riss, wurde es Zag klar: Er hatte die erste Aufgabe seines Vaters bewältigt.

»Du hast es geschafft! Du bist in der Schulmannschaft!«

DIE ZWEITE AUFGABE

Ihr hättet sehen sollen, wie ich über die Bahn geflogen bin und Zelos den Staub meines Wagens gefressen hat. Es war einfach nur der Wahnsinn«, erzählte Zag am Abend Kerby und Niko, als die beiden ihn vom Anleger des Styx' abholten.

Kerby wedelte dabei durchgehend mit dem Schwanz. Offenbar freute er sich, dass Zag gute Laune hatte, was in letzter Zeit nicht oft vorgekommen war.

»Es war wirklich ein Kopf-an-Kopf-Rennen, aber dann haben Donner und Blitz den Turbo eingelegt und – wusch!«

»Seht Ihr? Ihr müsst Euch gar nicht verstellen, Ihr schafft es auch so mit der Hilfe von Freunden«, stellte Niko zufrieden fest.

Zag stutzte. »Na ja, so lange kenne ich Morpheus, Daphne und Filly nun auch wieder nicht. Ich würde sie nicht als Freunde bezeichnen. Wir sind eher eine … Interessensgemeinschaft. Sie

haben mir geholfen, in die Schulmannschaft zu kommen, und ich helfe Ihnen, etwas beliebter zu werden.«

Niko zog eine Augenbraue hoch und schüttelte den Kopf. »Wie Ihr meint, Meister.«

»Und deine Sorgen wegen der Aufgaben waren völlig unbegründet. Ich hab die erste Aufgabe in nur zwei Tagen geschafft, der Rest ist doch im Nu erledigt.«

Einer von Kerbys Köpfen hatte einen Knochen gefunden – die lagen hier unten haufenweise in den Gängen des Hadespalasts rum – und hielt ihn Zag hin. Der nahm ihn etwas angeekelt entgegen, tat Kerby aber den Gefallen. Er warf den Knochen, so weit er konnte, was nicht wahnsinnig weit war, woraufhin der dreiköpfige Hund hechelnd hinterherlief.

Niko faltete die Hände vor der Brust und schwebte vor Zag her. »Ihr solltet trotzdem vorsichtig sein. Wer weiß, was Euer Vater für Pläne verfolgt«, gab er zu bedenken. »Und wisst Ihr denn schon, wie die zweite Aufgabe lautet?«

Das wusste Zag tatsächlich nicht. Die Rolle hatte zwar sofort gesummt und gebrummt, nachdem Zag die erste Aufgabe erfüllt und sich den Seesack über die Schulter geworfen hatte. Aber irgendwie war noch nicht der richtige Moment dafür gewesen, einen Blick darauf zu werfen. In der Schule hatte er die restliche Zeit mit Daphne, Filly und Morpheus zusammen verbracht. Sie hatten sogar alle eine Stunde geschwänzt, um Zags Aufnahme in die Schulmannschaft gebührend zu feiern und in der alten Sternwarte mit

Nektarlimo auf Zag angestoßen. Sie hätten bestimmt sofort Fragen gestellt, wenn er die Rolle vor ihren Augen herausgeholt hätte.

Danach hatten Zag und Morpheus noch eine Doppelstunde Göttergeschichte bei einem uralten Lehrer namens Herodot gehabt, bei der es darum gegangen war, wie Zeus, Poseidon und Hades gemeinsam die Titanen besiegt hatten. Herodot erzählte, wie die drei Götter anschließend Lose gezogen hatten, um zu entscheiden, wer über welches Reich herrschen sollte: Poseidon hatte das Meer bekommen, Zeus den Olymp und Hades die Unterwelt. Doch Zag war überhaupt nicht mehr bei der Sache gewesen und hatte kaum zugehört. Vielmehr hatte er sich seine glorreiche Zukunft ausgemalt, wie schon bald alle seine Mitschüler mit ihm befreundet sein wollen würden – Zag, dem Supersportler.

Zag zuckte mit den Schultern und trottete los in Richtung Hadespalast. »Ich hatte noch nicht die Gelegenheit nachzuschauen.«

»Nur zu, worauf wartet Ihr?«

Niko hatte recht, es galt, keine Zeit zu verlieren. Je früher Zag mit den Aufgaben durch war, desto eher konnte er sein neues Leben an der Olympia Akademie genießen. Aber vielleicht hatte er es auch noch nicht getan, weil er den kleinen Teilsieg etwas auskosten wollte, bevor er sich der nächsten Aufgabe stellte.

Kerby kam mit dem Knochen zurück, doch Zag zog seinen Beutel vom Rücken, holte die Schriftrolle hervor und bedeutete Niko und Kerby, ihm in eine kleine Nische zu folgen, die vom Gang aus schwer einsehbar war.

122

Sein Herzschlag beschleunigte sich. Dann rollte er den Papyrus auseinander, und wieder bildeten sich blutrote Buchstaben auf der Schriftrolle: »2. Aufgabe: Gewinne Herakles' Vertrauen«, las er laut vor. Dabei sackten seine Schultern nach unten.

»*Der* Herakles?«, fragte Niko nach.

»Natürlich, *der Herakles*, oder kennst du noch einen anderen?«, gab Zag etwas pampiger als beabsichtigt zurück. Aber er hatte wirklich keinen Schimmer, wie er Herakles dazu bringen sollte, ihm zu vertrauen. Ihre bisherigen Begegnungen waren eher weniger von Erfolg gekrönt gewesen.

»Nun, ich frage mich, was Euer Vater damit bezwecken will. Was hat er davon, wenn der größte Held der Antike mit seinem Sohn befreundet ist?«

»Was willst du damit sagen? Dass mein Vater irgendwelche dunklen Machenschaften verfolgt? Oder dass Herakles sich niemals mit jemandem wie mir abgeben würde?« Zag war wütend, er rollte das magische Schriftstück wieder zusammen und stopfte es in seinen Seesack.

»Ihr wisst, dass ich es nicht so gemeint habe.«

»Von wegen! Komm, Kerby, wir gehen.« Damit stampfte Zag los und ließ Niko einfach stehen.

Kerby ließ die Ohren hängen, blickte von dem alten Schatten zu Zag und trottete dann hinterher.

»Ich hab zwar keine Ahnung wie, aber ich werde Herakles schon von mir überzeugen!«

Die nächste Zeit verging wie im Flug. Zag verbrachte viel Zeit mit Morpheus, Daphne und Filly in der Sternwarte. Sie tauschten Steintafeln mit eingeritzten Comics, spielten mit Würfeln und Murmeln (Daphne gewann immer – Zag war sich sicher, dass sie pfuschte) und futterten zusammen Küchlein, die Morpheus der Kantinenchefin Hestia abgeschwatzt hatte.

Wann immer sich die Möglichkeit bot, versuchte Zag, Informationen über Herakles zu sammeln und bei Gesprächen das Thema unauffällig auf ihn zu lenken. Aber die anderen hatten meistens keine Lust, über ihn zu reden.

Zwar waren Zag und er in der Schulmannschaft, aber die Läufer und Wagenlenker trainierten zu unterschiedlichen Zeiten, sodass sie sich nie begegneten. Er hatte einmal extra nach dem Training in den Umkleiden auf Herakles gewartet, als der gerade duschen gehen wollte. Seltsamerweise war die Situation nicht nach Plan gelaufen – Herakles hatte ihn nur aus aufgerissenen

Augen angeschaut, sich wieder angezogen und ziemlich schnell das Weite gesucht. Dafür waren Deimos und Phobos aufgetaucht und hatten ihn mitsamt seiner Klamotten eingeseift und in den Duschen eingesperrt.

Zwischen den Schulstunden hielt Zag nach Herakles Ausschau und spionierte ihm nach. So wusste er mittlerweile Folgendes:

- Herakles hing hauptsächlich mit Deimos, Phobos und Kratos ab. Wobei alle drei etwas in den Armen und Beinen hatten, aber dafür weniger im Köpfchen.

- Seine Leibspeise war Thunfischsandwich mit Olivenpaste.
- Er ging zweimal am Tag aufs Klo. Das erste Mal nach der dritten Stunde und das nächste Mal nach dem Mittagessen.
- Wenn er sich unbeobachtet fühlte, schnüffelte er gerne unter seinen Achseln.
- Sein Shampoo roch nach Pfirsich.

Zugegeben, das war noch etwas dürftig, um darauf eine Freundschaft aufzubauen. Aber mehr hatte Zag bisher einfach nicht herausfinden können.

Als Zag und Morpheus Klassische Literatur hatten und zusammen in der Bibliothek unter der Aufsicht von Athene saßen, um einen Aufsatz über Homers Odyssee zu schreiben, hielt Zag es nicht mehr aus. Er schob Morpheus seine Wachstafel zu. *Du musst mir helfen*, stand darauf.

Morpheus sah ihn schief an und zuckte mit den Schultern, was so viel heißen sollte wie »Was gibt's?«.

Zag beugte sich über den Tisch und raunte ihm zu: »Ich würde gerne mehr Zeit mit Herakles verbringen.«

Morpheus' Augen wurden groß, und er lehnte sich ebenfalls vor. »Wieso denn das? Ihr seid doch schon zusammen in der Schulmannschaft.«

»Schon, aber ich denke, dass es gut wäre, wenn ich mit ihm befreundet wäre. Dann hören die Jungs vielleicht auf, uns zu schikanieren.« Die Ausrede war gar nicht schlecht, denn Zag war tatsächlich nicht ihr einziges Opfer.

Vor ein paar Tagen hatten sie Filly nach dem Unterricht ohne Daphne erwischt und sie an ihrem Kragen an dem Dreizack einer Poseidonstatue aufgehängt. Sie hatte dort eine Stunde gebaumelt, bis Daphne sie endlich fand und herunterholte. Filly war wirklich das freundlichste Mädchen der Schule, doch vor Herakles' Freunden war niemand sicher. Seltsamerweise hatte Zag noch

nie erlebt, dass Herakles bei diesen Gemeinheiten mitgemacht hatte. Irgendwie war er nie dabei, wenn so etwas passierte.

Morpheus dachte nach. »Na ja, ein Versuch ist es wert. Aber wieso bist du in letzter Zeit so besessen von ihm? Du willst ständig über ihn reden.«

In dem Moment flog eine Eule über die beiden hinweg und stieß Zags Kopf gegen den von Morpheus.

»Autsch«, stöhnte Zag und rieb sich die Stirn. »Ist ja gut, Aristoteles, wir sind ja schon still.« Er war froh, dass er Morpheus jetzt wenigstens nicht mehr antworten musste.

Nach ein paar Minuten schob Morpheus Zags Wachstafel zurück. *Hast du denn einen Plan?*

Zag wäre nicht Zag, wenn er nicht längst einen Plan hätte …

Nach der Stunde trafen sie sich wie immer in der alten Sternwarte. Dort hatte Zag alle versammelt, um ihnen von seinem Plan *Traumhafter Einbruch* zu berichten.

»Also, es ist ganz einfach. Ich möchte, dass Morpheus Herakles in seinen Träumen einen Besuch abstattet und herausfindet, was seine große Schwäche ist. Hat er einen geheimen Zwillingsbruder? Ist er vielleicht in jemanden verliebt? Würde er für Schokopudding töten?«

Daphne, Filly und Morpheus sahen ihn an, als sei er nun völlig übergeschnappt oder im Training mit Karacho gegen eine Bande gebrettert.

»Hm, ich weiß nicht, das ist nicht nett. Träume sind etwas sehr

Persönliches und Privates«, erklärte Filly und blickte unsicher zu Morpheus.

»Davon abgesehen ist es verboten, in der Schule magische Kräfte einzusetzen«, fügte Daphne ungerührt hinzu.

»Ja klar, Leute, ich weiß.« Zag wusste, dass er die drei überzeugen musste, und Morpheus hatte zumindest nicht kategorisch Nein gesagt. »Aber ich möchte euch eine Sache fragen: Ist es nett, seine Mitschülerinnen und Mitgötter zu hänseln?«

Filly schüttelte den Kopf.

»Oder ist es erlaubt, anderen Schülerinnen und Schülern Furzkissen unterzujubeln, sie in Duschen einzusperren, ihnen Hosenzieher zu verpassen oder sie irgendwo aufzuhängen, wo sie aus eigener Kraft nicht mehr runterkommen?«

»Nein!«, rief Filly und reckte kämpferisch eine Faust in die Luft.

»Ich sage euch eins, diese Jungs tun immer nur so, als seien sie ach so große Götter. Aber eigentlich ist das nur ein Haufen Angeber und Wichtigtuer, und wir sind nicht ihre Fußabtreter! Wenn wir Herakles für uns gewinnen, haben wir eine Chance, dass das endlich aufhört! Und wenn ihr mich fragt, haben wir unsere Kräfte doch genau aus diesem Grund: um jene zu beschützen, die unsere Hilfe brauchen. Das ist die Aufgabe vom Club der kleinen Götter!«

Filly begann eifrig zu applaudieren, selbst Daphne klatschte in die Hände – zwar etwas weniger begeistert, aber immerhin.

Morpheus' Miene war von nachdenklich zu entschlossen gewechselt. Er sprang auf und warf dabei beinahe eine Obstschale und drei Krüge um, die vor ihm auf dem Tisch gestanden hatten.

»Du hast völlig recht, Zag! Wir müssen uns wehren und füreinander einstehen. Ich mach's!«

Zag liebte es, wenn ein Plan aufging! Auch wenn sich sein schlechtes Gewissen zu Wort meldete. Schließlich wollte er sich aus einem ganz anderen Grund mit Herakles anfreunden …

DER GOTT
DER TRÄUME

*D*er Plan war idiotensicher. Filly und Herakles waren zusammen im Debattierkurs von Hermes. Eigentlich sollten die Schülerinnen und Schüler dort lernen, vor anderen zu sprechen, sich eine Meinung zu bilden und überzeugend aufzutreten. Allerdings wusste Filly zu berichten, dass der Kurs schnarchnasenlangweilig war, da Hermes sich am liebsten selbst reden hörte.

Die Hälfte der anwesenden Götter pennte also nach und nach im Unterricht weg. Herakles war meistens einer von ihnen, da er in der Stunde davor Lauftraining bei Coach Nike hatte, und die war wirklich erbarmungslos, wie Zag bei seinem eigenen Training hatte feststellen müssen.

Filly würde Zag ein Zeichen geben, damit Morpheus in Herakles' Träume einbrechen konnte. Dort würde er ein bisschen rumwühlen und dann hoffentlich etwas finden, das ihnen weiterhalf.

»Ich hab irgendwie kein gutes Gefühl dabei«, meinte Mor-

pheus, als sie gerade ihre Plätze im Säulengang unweit des Klassenraums hinter einer Marmorstatue von Athene einnahmen. Wenn Zag sich weit genug nach vorn lehnte, konnte er gerade so durch den Türspalt des Klassenzimmers linsen und Filly erkennen, die ihm bemüht unauffällig einen Daumen nach oben zeigte.

»Ach, was! Ich bin wirklich ein Meister der Pläne, es kann nichts schiefgehen. Alle sind auf Position«, versuchte Zag, Morpheus zu beruhigen.

»Aber was, wenn uns jemand entdeckt?«

Zag winkte ab. »Gar kein Problem, dafür bin ich doch bei dir: damit ich Augen und Ohren offen halte und uns niemand überrascht. Außerdem haben wir doch unser Frühwarnsystem.«

Genau in diesem Moment vernahmen sie das »Schuhu, schuhu!« einer Eule. Das war Daphne, die sich im Säulengang versteckt hatte, um den anderen Bescheid zu geben, falls sich ihnen jemand näherte.

Morpheus nickte langsam. »Also schön.«

Und wie aufs Stichwort rauschte Hermes mit seinen fliegenden Schuhen an ihnen vorbei.

»So, liebe Kinder, der Götterbote ist eingetroffen! Husch, husch auf eure Plätze.« Blöderweise blieb er genau so stehen, dass er Zags Blick auf Filly versperrte. Wie sollte sie ihnen jetzt ein Zeichen geben? Zag dachte fieberhaft nach. Na ja, im schlimmsten Fall würde Morpheus aus Versehen in einem anderen Traum landen, und sie mussten es wann anders noch mal versuchen. Aber

Zag lief die Zeit davon. Bis zum ersten Vollmond war es nicht mehr lange hin, und er hatte noch sage und schreibe neun Aufgaben vor sich – mit dieser hier eingeschlossen.

Er würde noch fünf Minuten warten, dann musste er sich eine Ausrede einfallen lassen, um den Unterricht zu stören. Vielleicht könnte er ja so tun, als hätte er sich im Raum geirrt. Hermes würde bestimmt nicht erfreut sein, ihn zu sehen. Gebannt blickten Morpheus und Zag zu dem Unterrichtsraum. Hermes schwafelte gerade davon, wie er mit einer Schildkröte und ein paar Schnürsenkeln die erste Leier erfunden hatte. Keine Ahnung, was das mit dem Debattierkurs zu tun hatte.

Zag drehte sich zu Morpheus um. »Okay, ich gehe da jetzt rein und schaue nach, ob Herakles schon schläft.«

»Nicht nötig«, hörten sie da eine Stimme hinter sich.

Zag fuhr herum, doch da stand nur Filly, die sich immer wieder nervös umblickte.

»Ich hab gesagt, dass ich auf die Toilette muss«, erzählte sie ganz aufgeregt, so als hätte sie gerade ein schweres Verbrechen begangen. »Herakles ist eingeschlafen, die Mission *Träumendes Nilpferd* kann beginnen!«

»Wer hat sich eigentlich diesen Namen ausgedacht? Ich dachte, wir hätten uns auf *Traumhafter Einbruch* geeinigt?«, fragte Zag.

Morpheus zuckte nur mit den Schultern und deutete auf Filly, die wieder in den Raum zurücklief. Dann drückte er den Rücken

durch, ließ den Kopf einmal über die Brust rollen und machte ein paar Dehnübungen mit den Armen.

»Alles klar, kann losgehen! Und du weißt ja, Zag, wenn ich in Träume eindringe, bin ich völlig schutzlos. Es kann sein, dass ich sogar laut rede. Wenn sie uns dabei erwischen, fliege ich von der Schule …«

»Ich bin bereit und passe auf dich auf.« Zag nickte Morpheus zu.

Der schloss die Augen – und mit einem Mal wandelte sich sein Gesichtsausdruck von angestrengt und konzentriert zu tiefenentspannt. So, als wäre er selbst gerade eingeschlafen. Und genau in dem Moment konnte Zag im Sonnenlicht einen goldenen Schimmer erkennen, wie ein Faden aus funkelnden Sandkörnern, der aus Morpheus' halb geöffneten Mund Richtung Klassenraum strömte. Es war ein bisschen gruselig, aber so nahm er offenbar die Verbindung zu Träumenden auf. Zag hoffte, dass Morpheus das niemals mit ihm machen würde.

»Schuhu, schuhu!«, drang es wieder vom Säulengang zu ihnen herüber – Daphnes Signal. Morpheus' Lippen bewegten sich, und er fing an, etwas Undeutliches zu murmeln.

Zag schielte an der Athene-Statue vorbei, aber er konnte niemanden auf sie zukommen sehen. Vielleicht war es ein Fehlalarm.

Doch plötzlich kam Daphne wild winkend aus dem Gang gelaufen und zeigte in seine Richtung.

»Hey, Zaggilein.«

Oh nein. Wie in Zeitlupe drehte Zag sich um. Hinter ihm standen seine Schwestern. Sie hatten sich lautlos angeschlichen. Tessa füttere Flederico gerade mit etwas, das aussah wie geröstete Grillen. Uargs. Seit sie auf der Schule waren, hatten die Furien Zag größtenteils in Ruhe gelassen und ignorierten ihn auf dem Schulhof. Gestern hatte er sie sogar mit einer Gruppe Götter gesehen. Und wenn er sich nicht getäuscht hatte, hatten sie über irgendwas gelacht – unvorstellbar!

Aber anscheinend war seine Schonfrist nun abgelaufen.

»Alexa, Meg, Tessa, es ist wirklich eine Freude, euch zu sehen«, verkündete Zag, machte einen Schritt nach vorn und versuchte, den Blick auf Morpheus zu verstellen.

Meg fing an zu lachen. »Von wegen!«

»Vater hat gesagt, dass wir dich im Auge behalten sollen«, sagte Alexa, und ihr Blick wanderte zwischen ihm und dem schlafenden Morpheus hin und her. »Sag bloß, du hast *Freunde* gefunden?« Das Wort spuckte sie fast aus, als wäre es etwas Schlechtes.

Zag schüttelte schnell den Kopf. »Natürlich nicht. Aber ich brauche sie – sie helfen mir.«

134

Furiengleich baute sich Alexa über Zag auf, ihre Augen begannen zu glühen. »Du hast ihnen doch nichts erzählt?«

»Nein, nein, sie wissen von nichts«, beeilte er sich zu sagen.

Und mit einem Mal glätteten sich Alexas Züge wieder. Etwas wie ein Lächeln schlich sich auf ihr Gesicht. »Nicht schlecht, Zaggilein, du nutzt andere für deine Zwecke aus – vielleicht steckt in dir ja doch mehr, als Vater glaubt.«

Ihre Worte versetzten Zag einen fiesen Stich in der Brust. Alexa hatte ja keine Ahnung, wovon sie sprach!

»Und pass auf, dass euch keine Amazone erwischt. Ich habe gehört, dass es strengstens verboten ist, göttliche Kräfte auf dem Schulgelände einzusetzen.« Die Furien lachten boshaft, drehten sich gleichzeitig um und rauschten davon.

Zag blickte ihnen hinterher und merkte gar nicht, dass er seine Hände zu Fäusten geballt hatte.

»Alles in Ordnung?« Daphne war zu ihnen gekommen und hatte sich zu Morpheus gehockt, der immer noch vor sich hin brabbelte.

»Oh, ja klar. Das waren nur meine Schwestern ...« Zag kratzte sich am Kopf. »Sie haben mir mein Pausenbrot gebracht, das hatte ich wohl im Boot des Fährmanns vergessen.«

Daphne hob eine Augenbraue, als würde sie ihm die Ausrede nicht abkaufen, sagte aber nichts weiter. Im gleichen Moment schloss sich Morpheus' Mund, und der kaum wahrnehmbare Strom aus goldenem Glitzer versiegte. Dann öffnete er ganz

langsam die Augen, als würde er aus einem Traum erwachen. Zag kniete sich ebenfalls hin.

»Leute, wir haben's! Ich weiß, was Herakles' größte Schwäche ist!«

Als sie sich nachher wieder mit Filly in der Sternwarte trafen, berichtete Morpheus, was er herausgefunden hatte. »Herakles ist ein großartiger Sportler, in seinen Träumen gewinnt er die Olympischen Spiele und wird von allen bejubelt. Er hält zig Pokale in den Armen, und goldene Medaillen hängen um seinen Hals. Aber sobald er das Siegertreppchen betritt, kommt Athene und zieht ihn am Ohr zurück in den Klassenraum, wo sie ihm eine Standpauke hält …«

»Er hat Angst vor Athene?«, unterbrach ihn Zag.

Doch Morpheus schüttelte den Kopf. »Nicht vor Athene, sondern davor, was danach kommt. Er muss seine Wachstafel herausholen und eine Mathearbeit schreiben. Doch sobald er sich die Aufgaben anschaut, verschwimmen die Zahlen vor seinen Augen, kommen aus der Tafel heraus, werden zu einem Löwen und fressen ihn.« Morpheus machte eine Pause.

»Er hat Angst vor Löwen! Kein Wunder bei den Zähnen und Krallen!«, fand Zag.

»Nein, das bedeutet, er hat Angst vor Mathe!«, stellte Filly fest. Sie überlegte. »Er hat zwar den Schulmannschaftsbonus, aber seine Mathenote ist so schlecht, dass er nicht an den Olympischen Spielen teilnehmen darf, wenn sie sich nicht verbessert.«

Puh, Mathe war auch nicht gerade Zags Steckenpferd. Er schaffte es schon, irgendwie durchzukommen, aber er könnte bestimmt nicht einem anderen Schüler Nachhilfe geben.

»Okay, und was machen wir jetzt?«, fragte er.

Filly zuckte mit den Schultern. »Ich bin ganz gut in Mathe.«

Morpheus lachte. »Ganz gut? Du bist die Beste! Du hast mir geholfen, den Grundkurs zu bestehen, obwohl Geometrie darin vorkam.«

Auch Daphne war aufgestanden und legte eine Hand auf Fillys Schulter. »Ohne dich hätte ich niemals den Satz des Pyrothargas verstanden.«

»Pythagoras«, korrigierte Filly und lachte.

Auf Zags Gesicht breitete sich ein Lächeln aus. »Leute, ich denke, ich habe einen Plan!«

Zag hatte bis zur Mittagspause gewartet: dem Moment, wenn Herakles zum zweiten Mal am Tag für kleine Löwen musste. Er war ihm bis auf die Toilette gefolgt und lehnte sich nun möglichst cool ans Waschbecken.

»Hey, Herakles, hab gesehen, dass du auch hier bist!«

»Äh, hallo? Wer spricht da?«, drang es aus der Kabine.

»Oh, äh, ja, ich bin's, Zag.«

»Wer?«

»Na, Zag, der aus der Schulmannschaft.«

»Der Junge aus der Unterwelt, der nackt beim Training war?« Oh Mann, das wurde immer schlimmer.

»Um genau zu sein, hatte ich noch eine Unterhose an, aber ja, genau der bin ich!«

»Was willst du?« Seine Stimme klang misstrauisch.

»Na ja, ich hab gehört, dass du nicht so gut in Mathe bist, und wollte dir meine Hilfe anbieten … Wir sind doch ein Team! Hier, Schulmannschaft und so … Wir Sportler müssen zusammenhalten.« Zag schluckte. Falls das funktionierte, war nichts unmöglich.

Doch Herakles antwortete nicht mehr. Dann rauschte es, und kurz darauf kam er aus der Kabine. Zag fiel auf, wie groß Herakles von Nahem war – und scheinbar verdammt stark. Wahrscheinlich konnte er einen Felsbrocken zwischen den Fingern zerquetschen so wie Hephaistos den Hammer in der Schmiede. Er ging zu einem anderen Waschbecken und wusch sich die Hände.

»Du hast es echt ins Team geschafft?«, fragte er.

Der stemmte lässig die Hände in die Seiten. »Ja klar, Wagen-rennen. Mich mit anderen messen, ein paar Pferdestärken unter der Haube, den Staub der Straße im Gesicht und den Fahrtwind in den Haaren, der Adrenalinkick … Alles voll mein Ding.«

Als er sich die Hände abtrocknete, drehte sich Herakles zu ihm um und sah Zag direkt in die Augen. »Okay, ich könnte wirklich etwas Hilfe gebrauchen. Mit Zahlen über zehn komme ich immer durcheinander.«

Filly und Zag müssten bei ihm auf jeden Fall ganz vorn an-fangen. Aber Zag ließ sich nichts anmerken.

»Einverstanden, das kriegen wir auf jeden Fall hin, dafür sind Freunde doch da.« Und damit streckte er ihm die Hand hin.

Anscheinend wusste Herakles immer noch nicht ganz genau, was er von der Sache halten sollte, aber er schlug ein.

»Argh … Äh, ich meine, klasse!«, winselte Zag, der das Ge-fühl hatte, dass ihm gerade ein Titan die Hand zerquetschte. »Wir sehen uns dann morgen nach Sport in der Bibliothek.«

Herakles nickte ihm zu und verließ die Toilette. Zurück blie-ben nur der Duft nach Pfirsich-Shampoo und Zag, der einen klei-nen Freudentanz hinlegte – der nur davon unterbrochen wurde, dass ein anderer Gott die Tür zum WC aufriss und Zag peinlich berührt das Weite suchte.

MATHE FÜR DUMMIES

Filly hatte Zag dabei geholfen, ein paar Schriftrollen mit Übungsaufgaben zu erstellen, die er mit Herakles durchgehen konnte. Außerdem positionierte sie sich in der Bibliothek nur ein paar Tische entfernt in Hör-, aber nicht in Sichtweite. Ein Bücherregal trennte sie voneinander. Wenn Zag also nicht weiterwusste, konnte er zu ihr flitzen und sie als Joker nutzen.

Die erste Stunde verlief gar nicht schlecht. Sie fingen erst mal mit den Grundlagen an, was offenbar bitter nötig war. Herakles hatte wirklich keine Ahnung von Mathematik und auch überhaupt kein Gefühl für Zahlen. Zur Motivation und als kleine Freundschaftsgeste hatte Zag ihm ein Thunfischsandwich mit Olivenpaste mitgebracht, das Herakles mit einem Happs verspeiste.

»Wow, mein Lieblingsbrot! Du bist gar nicht so übel, Zack«, meinte Herakles mit vollem Mund.

»Ich heiße Zag, wie Säg. Ach, egal.« Zag seufzte. »Weißt du, ich hatte hier nicht den besten Start, aber ich gebe mir echt Mühe.«

»Neuanfänge sind nie leicht«, stimmte Herakles ihm zu und schlug ihm so fest auf den Rücken, dass Zag die Luft wegblieb. »Ich kenne das Gefühl, nicht so recht dazuzugehören.«

Zag konnte das kaum glauben. »Wie meinst du das? Du bist Herakles, der Held aller Helden. Es gibt Amphoren mit deinem Gesicht drauf. Seit Jahren ist Herakles in der Menschenwelt der beliebteste Vorname – für Jungs und Mädchen!«

Herakles zuckte mit den Schultern. »Das war nicht immer so.« Er beugte sich etwas vor, damit nur Zag ihn hören konnte. Allerdings bezweifelte der, dass das irgendetwas bringen würde, denn wenn Herakles flüsterte, war seine Stimme immer noch unüberhörbar. »Als ich noch ganz klein war, habe ich bei meiner Mutter unter den Menschen gelebt. Aber irgendwie habe ich mit meinen Kräften dort nie wirklich dazugehört. Als ich dann zum Olymp gekommen bin, war es am Anfang das Gleiche, weil ich *nur* ein Halbgott bin. Und Zeus, mein Dad, setzt große Stücke auf mich. Keine Ahnung, ob ich ihm je gerecht werden kann.«

Nun war es an Zag, ihm eine Hand auf die Schulter zu legen. »Ich glaube, wir sind gar nicht so verschieden.«

»Aber du bist ziemlich klein! Ein Lufthauch könnte dich umwehen, und deine Arme sind so dünn wie Bohnenstangen.«

»Ich meine im Geiste. Wir sind Brüder im Geiste.«

141

»Das kann gut sein, ich habe viele Halbgeschwister«, sagte Herakles und lächelte.

Irgendwie war Herakles schwer in Ordnung, wie Zag in den nächsten Tagen feststellte. Klar, er hing mit komischen Leuten ab, aber nach und nach hörten die damit auf, sich über Zag lustig zu machen. Deimos und Phobos benahmen sich ganz vernünftig und ließen auch seine Freunde in Ruhe. Niemand wurde mehr mit dem Kopf ins Klo gesteckt, im Spind eingesperrt, mit Pferdemist eingeseift oder sonst wie geärgert. Also natürlich passierte es noch ab und zu, aber nicht mehr so oft.

Dafür half Zag Herakles jeden Tag mit den Hausaufgaben, was bedeutete, dass Filly die Aufgaben erledigte, und Zag gab sie Herakles zurück.

Schließlich passierte das Unglaubliche. Gerade hatten sich Zag und seine Freunde ihr Mittagessen bei Hestia der Kantinenchefin besorgt – es gab wie immer eine fruchtige Nektarschorle und Ambrosiaschnitten mit etwas Salat. Während die anderen eher gelangweilt darauf starrten und die Gesichter verzogen (»Schon wieder Nektar und Ambrosia?«), konnte Zag sein Glück immer noch nicht fassen, dass er endlich keine Ziegenblutwurst, Skorpionpastete oder anderes Getier mehr essen musste. Wenn er abends wieder in der Unterwelt ankam, schlich er sich meistens in sein Zimmer, damit er mit seiner Familie nicht zu Abend essen musste und unangenehmen Fragen aus dem Weg gehen konnte. Manchmal ließ Kerby ihm einen Hundekuchen übrig,

den Zag zwar dankend ablehnte, aber die Geste wusste er zu schätzen.

Es passierte also das Unmögliche, als sich die Gruppe wie immer an ihren angestammten Platz in der Mensa setzen wollte und ihnen plötzlich Herakles zuwinkte. Er saß natürlich am Tisch mit den coolen Kids der Schule.

»Komm, Zag, setz dich zu uns, ich muss dir was erzählen!«, rief er herüber.

Zag zeigte überrascht auf sich selbst – Herakles nickte. Ein paar umstehende Mitschülerinnen und Mitgötter sahen entgeistert zwischen den beiden hin und her. Tja, vor etwas mehr als einem Monat war er noch der komische Sonderling gewesen, und plötzlich wollte offenbar der angesagteste Typ der Schule mit ihm an einem Tisch essen.

»Das ist ja cool, wir setzen uns zu Herakles!«, freute sich Morpheus.

Auch Filly strahlte, während Daphne mit den Schultern zuckte. Zag sah seine Freunde schief an.

»Äh, ich glaube, er meint nur mich. Tut mir leid, wir sehen uns nach der Pause in der Sternwarte, okay?«

Fillys Lächeln fiel in sich zusammen, und auch Morpheus ließ enttäuscht die Schultern sinken. Aber darum musste Zag sich später kümmern. Er hatte das Gefühl, ganz kurz davor zu sein, die zweite Aufgabe abzuhaken. Und das war auch bitter nötig, denn sie hatte mehr Zeit gekostet als gedacht.

Also schlenderte er rüber zu seinem neuen Kumpel. »Hey, Leute, wie ist die Lage, alles locker-flockig, tuttifrutti bei euch?« Kratos, Phobos, Deimos und Pseudea, die ebenfalls mit am Tisch saß, blickten ihn nur genervt an. »Was gibt's?«, wandte er sich also an Herakles.

»Ich wollte fragen, ob du heute nicht mit uns essen willst, denn wir haben etwas zu feiern«, verkündete der.

Auf sein Kopfnicken hin machte Pseudea widerwillig Platz, sodass Zag auf die Bank gegenüber von Herakles rutschen konnte.

»Dank deiner Hilfe, habe ich im letzten Mathetest eine Drei minus geschrieben.«

»Das ist ja großartig!« Zag freute sich wirklich für ihn.

»Und das Beste: Athene hat gesagt, dass sie meinen Einsatz zu schätzen weiß und ich deswegen an den Olympischen Spielen teilnehmen darf!« Herakles zeigte sein strahlendstes Lächeln und hob die Hand, um mit Zag einzuschlagen. Automatisch hob Zag ebenfalls die Hand und bereute es kurz darauf, als Herakles ihm mit seinem Schlag fast die Schulter auskugelte und er um ein Haar von der Bank gekippt wäre.

Kratos brummte irgendwas, was Zag zwar nicht verstand, aber wie ein »Gut gemacht« klang. Phobos' und Deimos' Mienen hingegen verdunkelten sich. Anscheinend waren sie weniger erfreut über seine Anwesenheit. Pseudea nickte ihm kurz zu – immerhin.

»Das hab ich nur dir zu verdanken, Zag! Du bist ein wahrer Freund! Und als Dank und weil es längst überfällig ist, möchte

ich dir das hier geben.« Und damit warf er ihm eine supercoole rote Collegejacke zu, die auf dem Rücken einen Pegasus zeigte. Die anderen trugen die gleichen Jacken.

»Du gehörst zur Schulmannschaft, also bist du auch ein Teil unseres Rudels.« Und damit johlte Herakles und schlug sich auf die Brust. Kratos, Phobos und Deimos taten es ihm gleich. Nachdem er sich vom Schock erholt hatte, machte auch Zag mit. Endlich, endlich gehörte er dazu. Er spürte, wie etwas in seinem Seesack anfing, hin und her zu wackeln. Das musste die Rolle sein! Zag hatte die zweite Aufgabe erfüllt! Er hatte Herakles' Vertrauen gewonnen. Suchend schaute er sich nach Morpheus, Daphne und Filly um, doch die sahen alle nur auf ihr Essen und würdigten Zag keines Blickes.

Eigentlich wollte Zag mit dem Club der kleinen Götter darüber reden, aber er schaffte es nicht mehr rechtzeitig zur Sternwarte. Herakles und die anderen hatten ihn dazu überredet, mit ihnen eine zusätzliche Trainingseinheit im Stadion einzulegen. Davon war er zwar nicht sonderlich begeistert, aber er freute sich, dass sie ihn überhaupt gefragt hatten, und konnte nicht ablehnen.

Nachdem Charon ihn und seine Schwestern wieder von der Schule abgeholt hatte, wurde Zag schon am Ufer des Styx' von Kerby begrüßt, der ihn offenbar vermisst hatte. Denn sofort stürzte er sich auf ihn, und drei klebrige Zungen schleckten sein Gesicht ab.

»Ich war doch nur in der Schule«, brachte Zag endlich raus, nachdem er Kerby von sich runtergeschoben hatte und ihn ordentlich hinter den Ohren kraulte. Da kam auch schon Niko zu ihnen geschwebt.

»Meister, Ihr scheint ja bester Laune zu sein!«

»Das bin ich auch, es könnte nicht besser laufen. Heute habe ich die zweite Aufgabe erfüllt.«

Niko zog die Augenbrauen zusammen. »Oh, das ist wunderbar … Aber Euch ist schon bewusst, dass bereits die Hälfte der Zeit abgelaufen ist?«

»Klar, ich bin noch nicht so weit, wie ich es gerne wäre, aber es wird.« Zag tätschelte ein letztes Mal Kerbys Köpfe, dann blickte er sich um, und als er niemanden in der Nähe sah – seine Schwestern waren längst abgezogen –, kramte er die magische Schrift-

rolle seines Vaters hervor. Kerby schnüffelte neugierig daran und wich dann zurück.

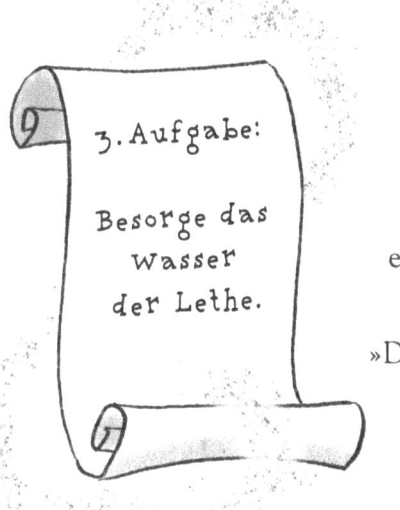

»3. Aufgabe:

Besorge das Wasser der Lethe.«

»Keine Sorge, Kerby, die tut dir nichts. So mal sehen ... Erste und zweite Aufgabe: Check!« Und da erschien auch schon in blutroter Schrift die Nächste. »3. Aufgabe: Besorge das Wasser der Lethe«, las er laut vor.

Niko sah ihn nachdenklich an. »Das Wasser aus dem Fluss Lethe? Das bekommen doch die neuen Seelen, die hier eintreffen.«

Zag nickte. »Stimmt, das ist unser beliebter Willkommensdrink.« Er zuckte mit den Schultern. »Das ist mit Abstand die leichteste Aufgabe, die ich bisher hatte.«

Die Lethe war einer der Flüsse, die sich ihren Weg durch die Unterwelt bahnten. Daneben gab es zum Beispiel den Styx, den Acheron und diesen anderen Fluss, dessen Namen Zag kaum aussprechen konnte.

»Fließt die nicht genau gegenüber vom Fluss ... Nemo... Memo... Äh ...«

»Mnemosyne«, half Niko aus. »Das ist korrekt. Sie entspringen aus unterschiedlichen Quellen, aber münden beide im Styx.«

»Okay, cool! Wir müssen nur leise sein, damit wir nicht die Hydra wecken …« Und diesem Ungeheuer wollte man wirklich nicht begegnen. Denn die riesige Wasserschlange hatte nicht nur einen so übelriechenden Atem, dass schon manche tot umgefallen waren, sondern sie hatte auch zig Köpfe, die nachwuchsen, wenn man sie abschlug. Nicht dass Zag jemals auf so eine bescheuerte Idee gekommen wäre, aber seine Schwestern machten sich manchmal einen Spaß daraus. Die Hydra war dementsprechend schlecht auf Besucher zu sprechen.

»Wir müssen vorsichtig sein, Meister, und mit Bedacht vorgehen.«

»Kein Problem, Vorsicht ist mein zweiter Name! Worauf warten wir noch?«

Also machten sie sich zu dritt auf den Weg. Der war vor allem steil und glitschig, denn die Freunde liefen am Ufer des Styx' entlang, bis es zu felsig wurde und sie einen kleinen Umweg einschlagen mussten.

Kerby lief immer wieder vor und wartete dann mit wedelndem Schwanz auf die anderen. Niko schwebte neben Zag her und informierte ihn über die neuesten Geschehnisse in der Unterwelt. Aktuell war es wohl relativ ruhig, nur wenige neue Seelen kamen aus der Menschenwelt – Niko vertrat Zag beim Empfang. Im Harpyien-Horst hatte es Nachwuchs gegeben, um den sich aktuell die Gorgonen kümmern mussten, was sie Zag höchstwahrscheinlich übel nahmen. Und Persephone hatte bei Niko ein

paarmal nach Zag gefragt. Das bereitete Zag ein ganz schlechtes Gewissen – er war seinen Eltern in den letzten Wochen aus dem Weg gegangen.

Als sie an der Höhle der Hydra vorbeischlichen, stellte Zag fest, dass aus dem Dunkel nur ein tiefes Schnarchen drang – vielleicht war sie eine Langschläferin? Kurz darauf erreichten sie endlich den kristallklaren Fluss, Zag kniete sich auf dem sandigen Untergrund des Ufers hin und wühlte in seinem Seesack herum, bis er eine kleine Phiole gefunden hatte.

Im Gegensatz zum Styx war die Lethe ganz ruhig, und ihre Oberfläche lag spiegelglatt dar. Es stiegen auch keine Dämpfe auf, als er das Wasser berührte und die Phiole unter die Oberfläche drückte. Es war sogar so klar, dass Zag die Steine auf dem Untergrund erkennen konnte.

»Ich erinnere mich noch ganz genau, wie ich den ersten Schluck damals aus dem goldenen Kelch getrunken habe und dann die Unterwelt erblickte. Kerby war auch da«, sagte Niko. »Wie lange das wohl her ist? Kurz darauf machte mich Hades erst zum Lehrer Eurer Schwestern und später zu Eurem.«

Zag blickte in das Wasser – weder wuchsen dort Algen, noch schwammen Fische in dem Fluss. Seltsam, dabei sah er eigentlich wie eine frische Quelle aus.

»Und wie war dein Leben, bevor du gestorben bist?«, fragte

149

Zag, obwohl er die Antwort kannte, er hatte schon oft danach gefragt.

Niko zuckte mit den Schultern. »Daran erinnere ich mich nicht mehr, es ist schon so lange her. Aber ich muss wohl ein Lehrer gewesen sein, zumindest spricht die Kleidung dafür, in der ich gestorben bin. Und Hades hätte mir sonst bestimmt nicht seine Kinder anvertraut.«

Irgendwas daran kam Zag komisch vor, aber er konnte seinen Finger nicht darauf legen. Egal, es zählte nur, dass er mal eben mit links die dritte Aufgabe bewältigt hatte. Denn als er seinen Seesack öffnete, um die Phiole zu verstauen, entdeckte er die leuchtende Schriftrolle, die sich wieder auf magische Weise bewegte.

»Und, Meister – wie lautet die nächste Aufgabe?«

Zag entrollte den Papyrus. »Besorge das Wasser der Lethe: erledigt!« Dann stockte er. Und mit einem Mal spürte er, wie die Farbe aus seinem Gesicht wich. Er bekam ein ganz flaues Gefühl im Magen.

»Was ist los?«, fragte Niko. Und auch Kerby stupste Zag mit der Nase an.

Zag ließ die Schriftrolle ganz langsam sinken. »Hier … Hier steht … 4. Aufgabe: Gewinne die Olympischen Spiele …«

4. Aufgabe:

Gewinne die Olympischen Spiele.

ES IST NOCH KEIN MEISTER
VOM OLYMP GEFALLEN

In dieser Nacht schlief Zag besonders schlecht. Und das lag nicht nur an den Rufen der verlorenen Seelen aus dem Tartaros. Nein, das lag an der neuen Aufgabe, die vor ihm lag. Klar, der Anfang war schleppend gewesen, und er hatte in der Hälfte der Zeit gerade mal drei Aufgaben erfüllt, aber die Olympischen Spiele zu gewinnen war einfach eine Nummer zu groß für ihn. Mit Ach und Krach hatte er es in die Schulmannschaft geschafft, und nun sollte er auch noch gegen die Besten der Besten antreten? Er hatte sich auf eine solide Teilnehmerurkunde eingestellt, aber die würde jetzt nicht mehr reichen und wäre lediglich sein Ticket zurück in die Unterwelt – für immer. Es war zum Heulen.

Auch nachdem Charon Zag und seine Schwestern am nächsten Morgen an der Schule abgesetzt hatte, besserte sich seine Laune nicht. Denn Filly, Morpheus und Daphne warteten nicht wie sonst beim Schultor auf ihn. Eigentlich trafen sie sich mor-

gens dort und hingen dann bis zum Unterrichtsbeginn zusammen in der alten Sternwarte ab.

Zag blieb nichts anderes übrig, als sich allein auf den Weg zu machen. Und als er vor der Holztür zur Warte ankam, musste er feststellen, dass sie verschlossen war. Also klopfte er.

Nichts passierte.

Zag klopfte erneut, dieses Mal mit etwas mehr Nachdruck. Kurz darauf waren erst Trippelschritte zu hören, dann das Schaben von Holz. Schließlich wurde ein Sichtschlitz zur Seite geschoben.

»Passwort?«

»Filly, ich bin's, Zag! Du kannst ruhig aufmachen, sonst ist niemand hier.«

»Das ist leider nicht korrekt. Ich kann dich nicht reinlassen.«

Welcher Geier hatte der denn in die Leber gepickt? Zag kratzte sich am Kopf.

»*Die Sterne lügen nicht? Einem geschenkten Minotaurus schaut man nicht ins Maul?*«

»Falsch. Falsch. Falsch«, kam es von der anderen Seite der Tür. »Okay, ich verrate es dir!« Filly zog die Nase geräuschvoll hoch. »*Man lässt seine Freunde nicht hängen!*«, rief sie und knallte dann den Sichtschlitz zu.

Oh-oh, die hatte anscheinend ganz schlechte Laune. Das war Zag von ihr gar nicht gewohnt. Er klopfte ein drittes Mal. Schließlich schob jemand den Hocker zur Seite und öffnete die Holztür. Morpheus' Wuschelkopf mit den Sommersprossen auf der Nase

erschien im Türspalt. Verlegen kratzte er sich im Nacken. »Hey, Zag.«

»Hey. Kann ich reinkommen?«

Morpheus zögerte erst, aber dann nickte er und trat zur Seite. Die Stimmung in der Sternwarte war gelinde gesagt *unterkühlt*. Filly saß mit vor der Brust verschränkten Armen auf einem Hocker. Morpheus blieb bei der Tür stehen und schaute auf seine Sandalen. Daphne hingegen lehnte am Teleskop und musterte ihn argwöhnisch – ihre Augen versprachen unsagbare Schmerzen.

»Was ist denn los, Leute, habe ich irgendwas verpasst?«

»Hab ich irgendwas verpasst?! Ist der Typ zu fassen?«, rief Filly und warf die Hände in die Luft.

»So kenn ich dich ja gar nicht, Filly … Ich dachte, wir sind Freunde …« Zag wollte auf Filly zugehen, doch Daphne stellte sich ihm in den Weg.

»Ich hab doch gesagt, dass ich dich im Auge behalte und du keinen Ärger machen sollst.«

Dafür hatte Zag jetzt echt keinen Nerv. Er versuchte, Daphne zur Seite zu schieben, doch die packte ihn einfach an den Schultern und hob ihn hoch, sodass er mit seinem Kopf direkt vor ihrem schwebte. Wieso nur war diese Nymphe so verdammt stark?

»Wir haben dich in unseren Kreis aufgenommen, dir unseren Rückzugsort gezeigt und dir unsere Freundschaft angeboten. Freundschaft ist uns allen und insbesondere Filly sehr wichtig. Freunde helfen einander. Du hast es Filly und Morpheus zu ver-

danken, dass du in die Schulmannschaft aufgenommen wurdest und dass du nicht mehr allein auf dem Klo zu Mittag isst. Morpheus hat für einen deiner Pläne sogar riskiert, von der Schule zu fliegen. Und wie dankst du es den beiden?« Sie machte eine Pause. »Indem du uns bei der erstbesten Gelegenheit einfach hängen lässt und nur noch mit deinen neuen coolen Freunden Zeit verbringst! Und was ist das überhaupt für eine Jacke?«

Bei den letzten Worten schüttelte sie Zag sogar ein bisschen. So viel hatte er Daphne noch nie an einem Stück reden hören.

»Okay, okay, ich verstehe, was du meinst. Könntest du mich jetzt runterlassen?«

Daphne setzte ihn ab. Von Filly war wieder ein geräuschvolles Schniefen zu hören, während Morpheus zu ihr ging und ihr tröstend eine Hand auf die Schulter legte. Wütend rückte Zag seine Jacke zurecht, doch als er zu den beiden hinübersah, verstand er, was hier los war. Er mochte die drei wirklich gerne, selbst die griesgrämige Nymphe Daphne. Sie alle hatten das Herz am rechten Fleck, und sie hatten ihn untere ihre Fittiche genommen, als er ganz allein gewesen war. Sie verdienten es, die Wahrheit zu erfahren. Aber er wusste, dass er das nicht tun konnte – nicht tun durfte. Wenn er ihnen erklärte, dass ihm die Schulmannschaft und die Anerkennung der anderen Götter gar nichts bedeuteten und er nur zehn Aufgaben für den Gott der Unterwelt erledigte, dann konnte er sofort seine Sachen packen. Hades würde es rauskriegen, und die drei würden ihm niemals seine Lügen verzeihen.

154

Da war sich Zag sicher. Und vielleicht war das nicht die ganze Wahrheit … Vielleicht hatte es ihm auch ein bisschen gefallen, einmal kein Loser zu sein.

»Leute, es tut mir wirklich leid, ganz ehrlich. Und ihr habt recht, ich hab mich wie ein Zyklop im Keramikladen verhalten. Das machen Freunde nicht. Ihr habt mir geholfen, und zum Dank hab ich euch im Stich gelassen. Das wird nie wieder passieren!«

Filly schnäuzte sich die Nase mit einem Stofftaschentuch. »Versprochen? Großes Ehrenwort?«, fragte sie.

Aus der Nummer kam Zag nicht mehr raus. Die rechte Hand legte er auf sein Herz, die linke hielt er hinter den Rücken, zwei Finger über Kreuz. »Versprochen!«

Er fühlte sich einfach nur hundeelend. Vielleicht war er kein Loser mehr, aber dafür ein Lügner. Und das war noch viel schlimmer.

Schlagartig hellte sich Fillys Miene auf, sie rannte auf Zag zu und schlang die Arme um ihn. »Vergeben und vergessen, dafür sind Freunde doch da!«

Morpheus wirkte ebenfalls erleichtert, kam auf Zag zu und legte ihm eine Hand auf die Schulter. »Schön, dass du wieder da bist!«

Ohne dass Filly oder Morpheus es mitbekamen, zeigte Daphne mit zwei Fingern erst auf ihre Augen und dann auf Zag. Schon klar, sie würde ihn weiterhin im Auge behalten.

»Also eigentlich bin ich ja gekommen, um euch eine echt coole Nachricht zu überbringen, seht es als Wiedergutmachung:

155

Ihr werdet bei der Siegerehrung der Olympioniken auf der Gästeliste stehen!«

Morpheus hob die Augenbrauen. »Setzt Herakles uns da etwa
drauf?«

Zag schüttelte den Kopf. »Ich werde euch auf die Liste setzen
lassen!«, verkündete er im Brustton der Überzeugung. »Das habt
ihr euch verdient, und das ist das Mindeste, was ich für euch tun
kann.«

Morpheus blickte ihn schief an. »Aber dafür müsstest du die
Spiele gewinnen …«

»Das wird unser Meisterwerk, das *grande finale*! Ich gewinne das
olympische Wagenrennen mit euch als Team, und wir alle stehen
nachher auf dem Podest, strecken den anderen die Zunge raus und
lachen als Letzte. Seid ihr dabei? Ich meine, dafür habt ihr doch
so hart gearbeitet und den Club der kleinen Götter gegründet!«

»Ich weiß ja nicht«, meinte Morpheus.

Daphne musterte Zag nur misstrauisch, und Filly wog den Kopf
hin und her.

»Kommt schon, wir verbringen ganz viel Zeit zusammen!«,
versuchte Zag es weiter.

»Okay, ich bin dabei!«, entschied Filly dann. »Mir ist das alles
zwar nicht mehr so wichtig, aber ich denke, das ist eine gute Möglichkeit, unsere Freundschaft weiter zu stärken!«

»Absolut!«, stimmte Zag ihr zu und fühlte sich schäbig.

»Darf ich unsere Teamoutfits entwerfen?«

156

»Klar, Filly, da lasse ich dir freie Hand! Und Morpheus, du bist der Teamchef, dein Wort ist Gesetz.«

»Das gefällt mir«, musste Morpheus zugeben.

»Und du Daphne«, Zag dachte angestrengt nach, »bist natürlich mein Coach und darfst mich scheuchen, so viel du willst.«

Dabei stahl sich ein kleines teuflisches Lächeln auf Daphnes Lippen. Und Zag war sich nicht sicher, ob er sich gerade sein eigenes Grab geschaufelt hatte.

»Du hast nur eine Sache vergessen«, gab Morpheus zu bedenken. »Wir haben keinen Wagen.«

Jetzt war es an Zag zu grinsen. »Mag sein, aber dafür habe ich einen Plan: Ich werde mir den Streitwagen meines Vaters borgen!«

»Was? Du darfst den Wagen von Hades, dem Gott der Unterwelt, fahren? Er gibt dir seinen goldenen Streitwagen und die schwarzen Rösser?«, fragte Filly.

Zag schüttelte den Kopf. »Na ja, ich hatte eigentlich nicht vor, ihn zu fragen ...«

»Du bist völlig verrückt«, stellte Daphne klar. Ein Hauch von Anerkennung lag dabei in ihrer Stimme. »Niemand bestiehlt Hades.«

»Ich bestehle ihn ja auch nicht, ich *borge* mir nur den Wagen. Die Pferde lasse ich in Ruhe – die haben was gegen mich.«

157

Und das nur, weil er einmal mit ihnen aus der Unterwelt hatte entkommen wollen und ihnen dafür Peperoni unters Futter gemischt hatte, damit sie raketengleich durchstarteten. Dass sie feurige Blähungen davon bekommen und mit ihrem Flammenatem nach ihm schnappen würden, hatte er ja nicht ahnen können …

»Aber woher willst du dann die Pferde nehmen, die den Wagen ziehen?«, fragte sie weiter.

»Na ja, ich dachte, Kerby könnte ihn ziehen.«

»Kerberos, der dreiköpfige Hund, der Höllenhund, der Wächter der Unterwelt?« Morpheus' Augen begannen zu leuchten.

»Er hat noch nie einen Streitwagen gezogen und ist auch noch nie ein Rennen gelaufen …«, stellte Daphne fest. »Ich sehe da nur eine Möglichkeit, wie wir ihn für die Spiele fit machen: Wir brauchen das goldene Zaumzeug der Athene.«

Zag wusste nicht, wieso Daphne ihm plötzlich half. Die Idee mit dem Zaumzeug war allerdings genial. Schließlich war so vor vielen Jahren der erste Pegasus gezähmt worden, als sie noch wild und ganz schön bissig gewesen waren. Kerby könnte er damit in einem Rennen bestimmt hervorragend lenken. Dass er schnell genug sein würde, daran hatte Zag keine Zweifel.

»Der Plan *Rasender Rennwagen und bissige Biester* hat begonnen!«

Es war beschlossene Sache. Filly verschanzte sich für ihren *Kreativprozess*, wie sie es nannte, in der alten Sternwarte. Von da an kam sie nur noch für den Unterricht raus. Sie hatte auch keine Zeit mehr, um in der Mensa zu Mittag zu essen, also brachten Zag, Morpheus und Daphne ihr das Essen immer mit in die Warte und aßen dort gemeinsam.

Morpheus hatte einen Zeitplan, Essensplan und diverse andere Pläne aufgestellt, um ihre Chancen auf einen Sieg zu maximieren. Er war völlig in seine Tabellen und Listen vertieft und gab Zag Nachhilfe zum Thema Fahrverhalten eines Streitwagens bei Nässe und glitschigem Untergrund. Er besorgte ihm haufenweise Bücher aus der Bibliothek über die größten Wagenlenkerinnen und Rennfahrer aller Zeiten und ihre Tipps und Tricks. Außerdem machte er Zag mit den Besonderheiten der Streitwagen seiner Gegner vertraut (»Haha, Schwäne als Zugpferde … Wie? Das war kein Witz?! Apollons Wagen wird wirklich von zwei Schwänen gezogen?!«).

Daphne hingegen hatte nur einen Plan aufgestellt: seinen Trainingsplan – und der war einzig und allein dafür da, um Zag zu quälen. Charon fuhr Zag und dessen Schwestern, die ihn dafür noch mehr hassten als sowieso schon, nun jeden Morgen etwas früher zur Schule. Denn dann begannen Daphne und Zag den Tag mit mit einer kleinen Trainingseinheit, liefen die Stufen zum Stadion hoch – Daphne stoppte die Zeit mit einer Sanduhr –, und danach hieß es Bahnen schwimmen in der Therme. Nach dem Unter-

richt ließ sie ihn Gewichte stemmen, was absolut kläglich verlief, da Zag schon zusammenbrach, wenn er die kleinen 500-Gramm-Hanteln nur sah.

Aber so langsam wurde es besser. Es war allen klar, dass er niemals ein richtiger Athlet werden würde, aber zumindest fühlte er sich sportlicher denn je. Und irgendwann glaubte Zag selbst, er habe tatsächlich eine Chance bei den Spielen. Zum Abhängen mit Herakles in den Pausen hatte er keine Zeit mehr, aber der machte gerne bei Daphnes Übungen mit, und Zag wurde das Gefühl nicht los, dass er Daphne heimlich anhimmelte.

Manchmal vergaß Zag beinahe, warum er das alles tat, so viel Spaß machte es ihm, mit seinen Freunden Zeit zu verbringen und auf ein gemeinsames Ziel hinzuarbeiten. Aber je näher der Tag der Tage rückte und damit auch das Ende des dritten Monats, desto mehr Zweifel befielen ihn. War er wirklich dazu bereit, ihr Vertrauen aufs Spiel zu setzen? Denn genau das verlangte sein Vater von ihm …

Am Vortag der Schulolympiade begleitete Daphne Zag nach dem Unterricht zu Charons Boot.

»Vergiss nicht, wir zählen auf dich!«, sagte sie und blickte ihn dabei seltsam an. Dann holte sie aus und warf ihm einen schweren Seesack zu, der so ähnlich wie seiner aussah, aber seltsam klimperte. »Du hast dein Sportzeug vergessen. Pass auf, dass dir das morgen nicht passiert!«, rief sie schon im Gehen und zwinkerte ihm verschwörerisch zu.

160

WAS HAT ZWEI RÄDER
UND IST AUS GOLD?

Es war so weit, sie hatten hart dafür trainiert. Am nächsten Tag, würden die Olympischen Spiele stattfinden. Seit Wochen war die Olympia Akademie in heller Aufregung – es war das Ereignis des Jahres. Filly hatte sich geweigert, die Outfits schon zu enthüllen, die würde sie ihren Freunden erst morgen kurz vor dem Rennen geben. Zag saß komplett angezogen in der Unterwelt im Schneidersitz auf seinem Bett. Eigentlich war es schon Schlafenszeit, aber seinen Pyjama würde er heute nicht benötigen. Denn er hatte noch eine Mission zu erfüllen.

»Meister Zagreus, können wir das noch mal im Detail durchgehen? Ich soll was tun?«, fragte Niko zum gefühlt hundertsten Mal.

»Also es ist ganz einfach: Ich werde mich heute Nacht zusammen mit Kerby in die Ställe schleichen und mir dort den Streitwagen meines Vaters ausleihen, damit zum Olymp fliegen und in

der Schule übernachten«, erklärte Zag geduldig. Kerby hatte sich auf dem Boden zusammengerollt und schmatzte verschlafen. »Damit niemand merkt, dass ich nicht mehr da bin, musst du hierbleiben und so tun, als seist du ich. Wenn also Charon oder meine Schwestern morgen klopfen, um zur Schule zu fahren, sagst du einfach, ich sei krank und komme später nach.«

»Wie wollt Ihr Kerby überhaupt dazu bringen, den Wagen zu ziehen? Er ist kein ausgebildetes Rennpferd!«

Zag warf einen Blick auf den Seesack, den er von Daphne bekommen hatte und der nun neben der Tür stand. »Das lass mal meine Sorge sein.«

Niko warf die Hände in die Luft. »Das ist Selbstmord«, stellte er fest. »Wenn Euer Vater das herausbekommt –«

»Wird er aber nicht!«, entgegnete Zag schnell. »Bevor er irgendwas merkt, ist der Wagen längst zurück, ich habe die Spiele gewonnen, und alles wird gut.«

»Könntet Ihr ihn nicht einfach um dem Wagen bitten? Es sind seine Aufgaben, er würde euch bestimmt helfen.«

Zag sah seinen ehemaligen Lehrer schief an. Sie wussten beide, dass Hades ihm nicht helfen würde. Er musste und wollte das allein schaffen. Nur einmal sollte einer seiner Pläne so aufgehen, dass sein Vater zufrieden mit ihm war. Wenn er wüsste, dass Zag sich seinen Streitwagen, den Hephaistos, der Gott der Schmiedekunst, höchstpersönlich über Jahrhunderte mühevoll angefertigt hatte, für ein halsbrecherisches Rennen auslieh, würde er ihn

162

einen Kopf kürzer machen. So viel war sicher. Oder er würde ihn direkt mit einem Tritt in den Po in das Tartaros-Sommercamp befördern.

Gerade wollte er etwas erwidern, da klopfte es an der Tür. Niko, Zag und die drei Köpfe von Kerby wechselten misstrauische Blicke. Zag bekam nie Besuch, außer er hatte etwas angestellt. Schnell waberte Niko in den Kleiderschrank, während Zag kurzerhand eine Decke über sich und seine Klamotten warf.

»Wer ist da? Ich brauche meinen Schönheitsschlaf.«

»Ich bin's, deine Mutter.« Die Tür ging auf, und Persephone trat ein. Sie hatte eine Vase mit frischen Blumen dabei und stellte sie auf Zags Nachttisch. Wie immer duftete seine Mutter nach Jasmin und frischer Erde.

»Die sind aus dem Garten«, erklärte sie und setzte sich zu Zag ans Bett.

Der hoffte nur, dass seine Mum nicht merken würde, dass er Straßenklamotten trug.

»Äh, danke.«

»Nun, ich habe das Gefühl, dass wir, seit du auf der neuen Schule bist, kaum Zeit miteinander verbracht haben. Du isst nicht mehr mit uns, verschwindest nach dem Unterricht direkt in deinem Zimmer …« Ihre Stimme war ganz sanft und gab Zag ein wohliges Gefühl im Bauch. »Ohne dich ist es bei der Gartenarbeit ganz schön still.« Sie lächelte schwach.

»Tut mir leid, Mum. Aber die Schule ist ziemlich anstrengend,

ich hab superviele Hausaufgaben und … muss ein wichtiges Referat vorbereiten«, log er und bekam wieder ein furchtbar schlechtes Gewissen. Genau deswegen war er seiner Mutter aus dem Weg gegangen, weil er sie nicht anlügen wollte.

»Verstehe … Und ich muss sagen, es freut mich sehr, dass du dich so schnell eingelebt hast. Es war ja unsere Idee, dass du an die Akademie gehst, und ich habe das Gefühl, dass du richtig aufblühst.« Dabei strich sie ihm eine Strähne aus dem Gesicht, was er eigentlich nicht leiden konnte, schließlich war er kein kleines Kind mehr. Aber irgendwie tat es auch gut, und er musste ebenfalls lächeln.

»Nikodemus hat mir verraten, dass morgen die Olympischen Spiele stattfinden und du als Wagenlenker antrittst«, fuhr sie fort. »Und ich wollte dir nur sagen, egal wie es ausgehen wird, ich bin sehr stolz auf dich.« Damit gab sie ihm einen Gutenachtkuss auf die Stirn und verließ leise das Zimmer.

Sobald ihre Schritte nicht mehr zu hören waren, schlug Zag die Decke zur Seite und seufzte.

Niko kam ebenfalls aus dem Schrank geschwebt. »Tut mir leid, Meister, aber sie hat mich abgefangen und sich nach Euch erkundigt.«

»Schon okay, ist ja nichts passiert«, entgegnete Zag nachdenklich. Dann schüttelte er den Kopf, er durfte sich jetzt nicht ablenken lassen, vor allem nicht von seinem dämlichen Gewissen. Er hatte einen Plan, und den galt es nun auszuführen.

164

Also warf sich Zag seinen eigenen und den Seesack von Daphne über die Schulter und schlich mit Kerby aus seinem Zimmer. Schleichen und Kerby passte nach wie vor nur mäßig gut zusammen. Der Hund war einfach zu groß und zu tapsig – aber stets bemüht. Glücklicherweise begegneten sie auch in dieser Nacht niemandem im Palast, bis auf ein paar Gorgokriegerinnen, um die sie einen weiten Bogen machten. Der Stall, in dem Hades' schwarze Mähren untergebracht waren, befand sich auf der Rückseite des Palasts. Dort musste auch der goldene Wagen stehen.

»Komm schon, Kerby, wir sind so nah dran«, flüsterte Zag dem Hund zu, aber eigentlich wollte er sich damit nur selbst Mut machen. Die Stalltür war angelehnt und nicht verschlossen. Ganz vorsichtig stieß Zag sie auf und lugte in das Dunkel des Stalls. Er erkannte die Boxen der schwarzen Pferde. Ein letztes Mal drehte sich Zag zu Kerby um, der ihn erwartungsvoll aus seinen sechs Augen anblickte, und legte einen Zeigefinger auf seine Lippen. Sie mussten ab jetzt nahezu unsichtbar und vor allem lautlos sein.

Zag wagte sich langsam voran, Kerby kam direkt hinterher. Sie bewegten sich geduckt. Zag war so auf die Umrisse der Pferde in ihren Boxen konzentriert, die man im Dunkel nur erahnen konnte, dass er aus Versehen gegen einen Tisch stieß, auf dem ein Futtereimer stand. Durch das Wackeln des Tisches, begann auch der Futtereimer zu schwingen und balancierte gefährlich auf der

Kante. Zag hielt den Atem an und sah sein ganzes Leben an sich vorbeiziehen, als der Eimer kippte und fiel.

Doch bevor er auf den Boden aufschlagen und den ganzen Palast wecken konnte, schnappte einer von Kerbys Köpfen danach und erwischte mit dem Maul den Henkel des Eimers. Das Scheppern blieb aus. Vor Erleichterung entwich Zag ein Quieken. Sofort erklang ein Schnauben, und ein rot leuchtendes Augenpaar tauchte in einer der Boxen auf. Augenblicklich erstarrten Zag und der dreiköpfige Hund. Doch das Pferd konnte die beiden in der Dunkelheit offenbar nicht erkennen, vielleicht war es auch noch im Halbschlaf, denn kurz darauf ließ es wieder den Kopf hängen.

Behutsam stellte Kerby den Eimer ab, und gemeinsam tigerten er und Zag zu der gegenüberliegenden Seite des Stalls, wo eine Tür in den Teil der Scheune führte, in dem Hades' Wagen stand. Sobald sie die Tür erreicht und hinter sich geschlossen hatten, atmeten beide auf.

»Das ist echt knapp gewesen, du Teufelskerl!«, lobte Zag. »Dafür hast du dir eine fette Streicheleinheit verdient!«

Zufrieden hechelte Kerby.

Vor ihnen stand nun der goldene Wagen. Zag inspizierte ihn von allen Seiten, so, wie Morpheus es ihm gezeigt hatte. Er war wirklich top in Schuss und nicht mit den ollen Trainingsdingern der Schule zu vergleichen. Er musste auch deutlich schwerer sein. Der Vorteil an dem Wagen war, dass nicht die Pferde ihn dazu brachten zu fliegen – es waren ja keine geflügelten Pferde –,

sondern der Wagen selbst fliegen konnte. Wenn Zag also Kerby davorspannte, müssten sie damit aus der Unterwelt und hinauf zum Olymp fliegen können. Er ließ Daphnes Seesack von der Schulter gleiten und zog das goldene Zaumzeug der Athene hervor. Daphne hatte es aus der Halle der Helden geklaut – sie war wirklich knallhart.

Zag hatte es bereits in seinem Zimmer Kerby probehalber angelegt, damit er sich daran gewöhnen konnte. Dem schien es zwar überhaupt nicht zu gefallen, eine Leine zu tragen, aber er war einfach der treueste Freund, den man sich wünschen konnte. Und so ließ Kerby es auch dieses Mal über sich ergehen, als Zag es ihm anlegte.

Das Geschirr saß perfekt, was nicht weiter verwunderlich war – schließlich passte es sich der Form seines Trägers an. Danach ging Zag zum großen Tor der Scheune, schob den Riegel zur Seite und stieß die Flügel mit aller Kraft auf. Kühle Nachtluft wehte herein.

»Dann wollen wir mal!« Zag stieg auf den Wagen, die Zügel von Kerby in der Hand. Es war ein komisches Gefühl, dort zu sein, wo sonst nur sein Vater stand. Mit einem Mal kam er sich ganz schön klein auf dem riesigen Wagen vor.

»Los geht's, Kerby, Hals- und Beinbruch!« Und als würde er Kerby über die Zügel einen Befehl geben, rannte der auch schon wie vom Feuerskorpion gestochen aus der Scheune, nahm Anlauf und sprang mit einem gewaltigen Satz in die Luft. Mit einem Ruck wurde der Wagen hochgerissen und ... flog! Zag musste sich

daran festklammern, um nicht hinunterzufallen. Die Rösser seines Vaters sahen bestimmt deutlich eleganter aus und wackelten nicht so furchtbar, aber Zag war sehr zufrieden mit dem dreiköpfigen Hund. Für den Anfang machte er das gar nicht schlecht. Nur hoffentlich hatte niemand ihren rumpeligen Start gesehen oder gehört!

In einer ausladenden Kurve lenkte Zag Kerby ein Stück vom Palast weg zu der Grotte, die nach oben bis in die Menschenwelt und zum Olymp führte. Und wie von Geisterhand befolgte Kerby jedes Kommando. Kaum war der Eingang zur Grotte in Sicht, tauchte Kerby auch schon in einem halsbrecherischen Manöver ab, raste durch die Öffnung und flog dann in einem brutalen Win-

kel wieder nach oben Richtung Grottendecke, die aus der Unterwelt hinausführte. Zag war heilfroh, dass er seit dem Mittagessen nichts mehr gegessen hatte, denn das wäre wieder alles oben rausgekommen. Daran hatte er keinen Zweifel.

Der restliche Weg zum Olymp war ein Kinderspiel, schließlich ragte der riesige Berg wie ein Koloss in den Himmel.

Zag lenkte Kerby nicht zur Anlegestelle der Olympia Akademie, sondern direkt ein Stück höher zum Stadion, wo sich auch die Ställe befanden. Dort ließen sie den Wagen stehen und schlichen dann zusammen die steile Treppe hinunter (was mit einem riesigen Hund auf den Fersen ein echter Drahtseilakt war), überquerten den verwaisten Schulhof und machten es sich schließlich in der Sternwarte bequem. Filly und Morpheus hatten dort extra Decken und Kissen und drei große Hundekuchen für Kerby platziert, der sie sofort verschlang.

»Das lief doch wie am Schnürchen!« Zag konnte es selbst kaum glauben, dass seine Pläne in letzter Zeit so fantastisch aufgingen.

Zufrieden kuschelte sich Zag in Kerbys Fell. Morgen stand der große Tag bevor, und irgendwie war es tröstlich, dass er nicht allein war.

DAS WAGENRENNEN

Als Zag am nächsten Morgen von einem nassen Lappen geweckt wurde, der ihm durchs Gesicht wischte, hatte er das Gefühl, keine Sekunde geschlafen zu haben. Er fühlte sich so gerädert wie König Xion, den Hades im Tartaros auf ein Rad gefesselt hatte, das sich bis in alle Ewigkeit drehte. Na gut … Vielleicht nicht ganz so schlimm.

Und so richtig Zeit zum Frischwerden blieb ihm leider auch nicht, denn schon stieß jemand die Tür zur Sternwarte auf. Filly und Morpheus stürzten herein, Daphne schlurfte hinterher.

Kerby stellte die Ohren auf und wedelte wie verrückt mit dem Schwanz.

»Ich werd nicht mehr! Das ist der mächtige Kerberos, der Höllenhund, der Wächter der Unterwelt«, stieß Morpheus aus und streckte ganz zaghaft eine Hand nach ihm aus. »Darf ich ihn streicheln?«

»Na klar«, sagte Zag.

Sein Einverständnis hätte er gar nicht geben müssen, denn Kerby schnüffelte bereits an Morpheus und Filly und schleckte ihnen über die Wangen.

»Oh Mann, der ist so süß und so flauschig!«, freute sich Filly und vergrub Hände und Gesicht in seinem Fell.

Zag fiel auf, dass Daphne sich im Hintergrund hielt und eine Box vor sich hertrug.

»Hast du etwa Angst vor Hunden?«, fragte er sie deswegen.

»Pfff, ich? Angst vor Hunden?! Wo denkst du hin?«, entgegnete sie mit einer deutlich schrilleren Stimme als sonst. Außerdem färbten sich ihre Wangen rot. Doch Kerby tapste auf sie zu und rieb einen Kopf vorsichtig an ihr, sodass sie sich langsam entspannte und sogar lächelte.

»Leute, es ist so weit«, stellte Morpheus fest. »Heute ist der Tag der Tage! Ich nehme an, dass mit dem Wagen alles geklappt hat?«

Zag nickte.

»Wunderbar, dann sind wir jetzt bereit für unsere Team-Outfits. Filly, darf ich bitten?«

Und die ließ sich nicht lange bitten, eilte zu Daphne und nahm ihr die Kiste ab. Als sie sie öffnete, quoll sie beinahe über mit T-Shirts, riesigen Handschuhen und Bannern. Filly warf jedem eins der gelben T-Shirts zu. Darauf stand »Der Club der kleinen Götter«. Außerdem hatte sie für jeden eine Collegejacke bestickt,

die einen dreiköpfigen Hund zeigte. Dann zog sie sogar einen der riesigen Handschuhe an, der zusätzlich mit Stroh ausgepolstert war und auf dem »ZAG #1« stand.

»Ich nenne diese Erfindung Winkefinger.« Sie kramte noch mal in der Kiste und zog dann eine schwarze Tunika hervor, auf der überall gelbe Blitze leuchteten. »Das ist dein Trikot, Zag, ich hab extra atmungsaktiven Stoff genommen! Los, zieh es an.«

Zag legte die Jacke ab, die Herakles ihm geschenkt hatte, und schlüpfte in die Tunika – sie saß perfekt! Und hinten auf dem Rücken stand sogar sein Name. Zag war schwer beeindruckt und auch ein wenig gerührt. »Wow, ganz schön viel Staub hier, ich glaub, ich hab was im Auge«, meinte er nur und wischte sich übers Gesicht.

Das war also sein Team. Mit diesen treuen Freundinnen und Freunden konnte gar nichts schiefgehen. Er hatte noch sage und schreibe sechs Aufgaben vor sich, aber er wusste, dass absolut nichts unmöglich war, solange ihm die drei (mit Kerby vier) halfen.

Er hielt den anderen die Hand hin, woraufhin sie ihre darauflegten – sogar Daphne. Kerbys Pfote durfte auch nicht fehlen. »Dann wollen wir diesen Göttern mal zeigen, was eine Harke ist!«

Die Fan-Gesänge schollen von der Tribüne des Stadions bis auf die Bahn, wo sich die Rennfahrerinnen und Wagenlenker aufstellten

und auf den Startschuss warteten. Morpheus und Filly hatten sich bereits Plätze gesucht und hielten Daphne einen frei, die mit Zag letzte Anweisungen durchging. Er behielt dabei die Konkurrenz im Auge, über die Morpheus ihm alles beigebracht hatte.

Direkt zu seiner Rechten hatte sich Nemesis mit ihrem himmelblauen Wagen in Position gebracht, der von zwei Greifen gezogen wurde. Ihre Körper waren mit dunkelbraunem Fell bedeckt, doch auf dem Rücken trugen sie weite gefederte Adlerschwingen, und ihre Köpfe waren die von Raubvögeln. Zag wollte ihnen lieber nicht zu nahe kommen, denn die Schnäbel sahen verflixt spitz aus. Kaum hatte er das gedacht, schnappten sie auch schon nach Nemesis' Trainer, der sich gerade noch in Sicherheit bringen konnte.

Daneben scharrten vier riesenhafte Schwäne mit ihren Krallen über den Boden, sie zogen Apollons Streitwagen und sahen sogar noch wilder aus als die Greife. In ihren Augen funkelte etwas, das Zag kein Pardon versprach. Außerdem wusste er von Morpheus, dass sie tierisch verfressen waren und einen gefährlichen Jagdinstinkt hatten.

Die Innenbahn bestand komplett aus einem Wasserbecken, da dort der muschelförmige Wagen von Poseidon schwamm, der von sechs schnaubenden Seepferdchen gezogen wurde. Rhode, eine Tochter Poseidons, lenkte den Wagen. Ihre Tunika war über und über mit glänzenden Schuppen besetzt, die ganz schön blendeten. Ein unfairer Vorteil, wie Zag fand.

Ansonsten war da noch der rot lackierte Wagen des Helios. Die Mähnen der davorgespannten Pferde bestanden aus Feuer, und sobald sie mit den Hufen auftraten, sprühten Funken.

Coach Nike ging die Reihen durch und inspizierte die Wagen, um sicherzustellen, dass niemand verbotenerweise an ihnen herumgeschraubt und irgendwelche Verbesserungen vorgenommen hatte. Morpheus hatte Zag erzählt, dass bei den letzten Spielen der Dämon Dolos mit seinem Betrug aufgeflogen und disqualifiziert worden war. Denn er hatte nicht nur Speerspitzen an den Rädern seines Wagens befestigt, sondern auch noch den Pferden einen Trank der Schnelligkeit eingeflößt.

Hoffentlich erkannte Nike nicht das goldene Zaumzeug aus der Halle der Helden wieder, dachte Zag plötzlich. Doch glücklicherweise würdigte sie ihn keines Blickes. Sie war wohl erstaunt genug, dass er es überhaupt bis hierhin geschafft hatte.

»Los jetzt, Zag, konzentrier dich!«, wies Daphne ihn an. »Ich weiß, wir beide hatten nicht den besten Start … Aber du wirst das Rennen gewinnen, daran habe ich keinen Zweifel. Denk einfach an das, was wir besprochen haben …«

Zag konnte nur nicken. Er war viel zu aufgeregt, um zu sprechen, und hatte das Gefühl, dringend aufs Klo zu müssen, obwohl er dort heute schon zigmal gewesen war. Er wollte sich aus Gewohnheit die Haare aus der Stirn wischen, allerdings trug er ein gelbes Stirnband, das Filly ihm genäht hatte, und darüber eine Lederkappe.

Ein letztes Mal tätschelte Daphne zaghaft Kerbys Köpfe. »Pass gut auf Zag auf, Kerby!« Dann warf sie Zag etwas zu, das wie ein Lächeln aussah, und kletterte zu den anderen auf die Tribüne. Morpheus und Filly hielten aufgeregt ihre Winkefinger in die Luft. Zag entdeckte sogar Herakles, der ihm zuwinkte und eins von Fillys gelben Fanshirts trug. Sogar seine Schwestern saßen unbeweglich in den hinteren Rängen und musterten ihn ungerührt.

Tief ein- und ausatmen, dachte Zag. Er kannte die Schwächen der Konkurrenz. Die Schwäne waren absolut irre und kaum zu kontrollieren, während der Muschelwagen von Rhode überhaupt nicht windschnittig war und im Wasser viel mehr Widerstand hatte, wodurch sie wiederum gebremst wurde. Nemesis war zu verbissen, um Rücksicht auf die Greife zu nehmen, und Helios und seine brennenden Pferde waren es gewohnt, über den Himmel zu laufen.

175

Nur Zag und Kerby waren ein wirklich eingespieltes Team. Vielleicht nicht bei einem Rennen, aber dafür hatte Zag ja das Zaumzeug, das sie zu einer Einheit machte. Und der goldene Wagen war so wuchtig, dass er gut in den Kurven lag und ihn so schnell nichts aus der Bahn warf. Das hoffte Zag zumindest, und ihm wurde klar, dass er wirklich eine Chance auf den Sieg hatte.

Gerade fühlte Zag sich etwas besser, als ein weiterer Wagen zu seiner Linken vorfuhr. Stimmt, Hebe, eine Tochter der Hera, sollte mit ihrem von Pfauen gezogenen Wagen antreten. Doch neben ihm erschienen keine Pfauen, sondern vier geflügelte Pferde, die vor einen pechschwarzen Wagen gespannt worden waren. In die Wagenseite waren Fackeln eingraviert. Zag hob den Blick. Oh nein …

»Deimos, Phobos? Was macht ihr denn hier?«, entfuhr es Zag.

Die beiden hatten sich doch gar nicht für diese Disziplin eingetragen!

Die Brüder trugen keine Tuniken, sondern Rüstungen, die in der Sonne glänzten.

»Wieso denn plötzlich so weiß um die Nase?«, fragte Deimos und lachte gehässig.

»Er hat wohl nicht mit uns gerechnet. Aber was soll man machen? Die Pfauen von Heras Wagen hatten scheinbar eine Magenverstimmung, da sind wir freundlicherweise eingesprungen.«

»Da-das ist ja toll«, stotterte Zag. Magenverstimmung – von wegen!

Deimos beugte sich über den Rand des Wagens zu Zag hinüber. »Glaub nicht, dass wir so blind wie Herakles sind. Wir lassen uns nicht so leicht um den Finger wickeln und einlullen. Das wäre ja zu schön, wenn so ein Grufti aus der Unterwelt die Spiele gewinnt.«

»Und sei es nur das Wagenrennen«, fügte Phobos unnötigerweise hinzu.

Zag verstand die Welt nicht mehr! Eigentlich waren sie doch Ringer, und die Götter durften pro Spiele immer nur in einer Disziplin antreten. Es schien ihnen wirklich wichtig, dass er nicht gewann. Als er zu Morpheus auf die Tribüne blickte, erkannte Zag, dass auch der ganz schön blass war und versuchte, ihm Zeichen zu geben. Aber dafür war es zu spät. Er hatte keine Ahnung, was Deimos' und Phobos' Schwäche war – hatten sie überhaupt eine?

Unwohl blickte sich Zag im Stadion um, die Sonne und die Fischschuppen von Rhode blendeten ihn, die komplette Schule und alle Lehrer und Lehrerinnen saßen auf der Tribüne und beobachteten ihn, die Schwäne zischten angriffslustig in seine Richtung. Zag bekam kaum Luft. Seine Nervosität ging durch das goldene Zaumzeug auch auf Kerby über, der anfing, auf der Stelle zu tänzeln.

Mit einem Mal verstummten die Rufe und das Gejohle von der Tribüne. Das Schulorchester spielte einen Tusch, und dann trat Nike vor.

177

»Herzlich willkommen zum Auftakt der Olympischen Spiele, dem traditionellen Wagenrennen! Mögen die Lenkerinnen und Lenker ihren Rennställen Ehre bringen, und möge der oder die Beste gewinnen!« Damit nahm sie ihre Trillerpfeife und blies mit voller Kraft hinein – das Startsignal. Unter ohrenbetäubendem Lärm, der von der Tribüne übers Stadion scholl, preschten alle um Zag herum los und wirbelten eine riesige Staubwolke auf. Nur er selbst stand noch immer wie gelähmt an der Startlinie. Erst Kerbys Jaulen riss ihn aus seiner Starre. Zag schüttelte den Kopf, vertrieb alle miesen Gedanken – und dann jagte Kerby wie durch ein unsichtbares Zeichen los.

Das alles hatte höchstens eine Sekunde gedauert, aber schon bildeten sie das Schlusslicht. Zag konnte erkennen, dass Nemesis ihre Greife wie eine Irre antrieb, dahinter lieferten sich der schwarze Wagen von Deimos und Phobos und der Wagen mit den biestigen Schwänen von Apollon ein Kopf-an-Kopf-Rennen.

Die Seepferdchen von Rhode auf der Wasserinnenbahn waren schon auf gleicher Höhe mit den Feuerpferden von Helios.

Zags Aufgabe war es, den Anschluss nicht zu verlieren und die Hindernisse hinter sich zu bringen. Das finale Wagenrennen ging zwar nur über eine Runde, aber dafür war es mit Fallen gespickt. Und die erste ließ nicht lange auf sich warten: Große Steinbrocken rollten vor ihnen über die Bahn. In Windeseile mussten die Lenker ausweichen. Kerby war blitzschnell, und kein Felsbrocken wurde ihnen gefährlich. Dafür war Helios mit seinem roten Wa-

gen und den Feuerpferden offenbar nicht wendig genug. Ein kleinerer Brocken traf den Wagen hinten an der Achse, woraufhin der unter den aufgeregten Rufen von der Tribüne zur Seite ausbrach und in die Innenbahn geschleudert wurde.

»Aaaaaaaaachtung!«, brüllte Helios noch. Sobald die Pferde das Wasser berührten, zischte es und Dampf stieg auf.

»Aus dem Weg, Mann!« Rhode musste mit ihrem Muschelwagen eine Vollbremsung hinlegen, damit die Seepferdchen nicht in Helios' Gefährt reinbretterten.

Offenbar war niemandem etwas passiert, stellte Zag mit einem Blick zur Seite fest, und zog an ihnen vorbei. Jetzt waren nur noch Apollon, die Zwillinge und Nemesis vor ihm. Er würde es wie bei seinem ersten Rennen machen – so wie Filly und Daphne es ihm eingeschärft hatten: erst die anderen vorpreschen lassen und dann auf den letzten Metern alles geben.

Schon tauchte vor ihnen eine Rampe auf, hinter der eine Schlammgrube lag, wusste Zag. Wenn man darin landete, wurde man disqualifiziert.

»Weiter, ihr blöden Viecher, das muss doch schneller gehen!«, hörte Zag Nemesis' Rufe über die gesamte Bahn schallen. Sie hatte einen großzügigen Vorsprung auf Deimos, Phobos und Apollon. Die Greife galoppierten in voller Geschwindigkeit über die Rampe, breiteten ihre Schwingen aus und segelten über die Grube. Täuschte sich Zag oder hatte Nemesis etwas in die Schlammgrube fallen lassen?

Die fliegenden Pferde von Deimos und Phobos machten sich ebenfalls zum Sprung bereit. Die Schwäne von Apóllon wurden hingegen immer unruhiger und schnappten mittlerweile schon nacheinander. Gerade als auch sie zum Segelflug ansetzen wollten, erblickten sie offenbar etwas in der Grube und ließen sich unter lautem Geschnatter einfach hineinfallen. Schlamm spritzte in alle Richtungen.

»Was ist denn los mit euch? Nicht doch! Elsa, Rudi, lasst das! Was habt ihr da? Gulliver, ist das Brot in deinem Schnabel?«

Wieder jubelte das Publikum. Offenbar feierte es vor allem, wenn jemand spektakulär ausschied.

Doch Zag hatte nicht die Absicht, sich das aus der Nähe anzuschauen. Kerby rannte die Rampe hoch, setzte zum Sprung an und flog dank des Wagens über die Grube hinweg. Die Landung war zwar etwas weniger elegant, aber es gab schließlich keinen Preis für gutes Aussehen.

»Die Hälfte haben wir geschafft!«, rief Zag Kerby zu, der ihn über den Fahrtwind wahrscheinlich kaum hören konnte, aber Zag sah, wie sein Schwanz wedelte. Offenbar hatte er den Spaß seines Lebens!

Nemesis trieb die beiden Greife auf das nächste und letzte Hindernis zu: fünf schmale Feuertorbögen. Man musste durch alle hindurch, sonst schied man aus.

Die Flammen züngelten im Wind hin und her. So, wie Zag das vom dritten aber immer noch letzten Platz aus beurteilen konnte,

schienen die Greife keine großen Fans von Feuer zu sein, doch Nemesis nahm keine Rücksicht.

»Hedwig, zieh die Flügel ein«, brüllte sie, verlangsamte aber nicht das Tempo. Das hatte wiederum zur Folge, dass Hedwig den Flügel beim Passieren des brennenden Tores nicht rechtzeitig einziehen konnte und sich ein paar Federn verkohlte. Angsterfüllt schrie sie auf, und beide Greife legten in der vorletzten Kurve eine Vollbremsung hin.

»Ihr blöden Viecher!«, rief Nemesis noch, als sie aus dem Wagen geschleudert und unter Applaus, Gelächter und Jubelschreien in der Strohbande landete. Die Greife rannten hinterher und pickten nach ihr.

Zag kam nicht um den Gedanken herum, dass sie es verdient hatte, wenn man sich anschaute, wie schlecht sie mit den Tieren umgegangen war.

Jetzt waren es nur noch Zags oder eher Hades' goldener Streitwagen und der schwarze Wagen von Kriegsgott Ares, den seine Söhne steuerten. Gerade lenkten sie ihn mit Bravour durch den dritten Feuerbogen. Zag wusste, dass er aufholen musste, und auch Kerby spürte es. Doch Zag hielt ihn zurück. Noch nicht. Jetzt galt es erst mal auch für sie, die Feuerbögen hinter sich zu bringen.

Sie tauchten etwas zu schnell unter dem ersten hindurch, und Funken sprühten, als das rechte Rad des Wagens am feurigen Bogen vorbeischrammte. Kerby bellte auf, und auch Zag kam es

so vor, als würde er heißen Drachenatem auf der Haut spüren. »Alles gut, Kumpel, nichts passiert! Schön ruhig bleiben! Den nächsten durchfahren wir ein bisschen langsamer!«, rief er dem dreiköpfigen Hund zu. Und genauso machten sie es und nahmen den zweiten Feuerbogen ohne Probleme, ebenso wie die letzten drei. »Geschafft! Klasse, Kerby!«

Deimos und Phobos hatten nun einiges an Vorsprung gutgemacht. Einer der Zwillinge blickte sich nach Zag um und lachte siegesgewiss, woraufhin Zag und Kerby ihm die Zungen rausstreckten. Und dann bogen sie auch schon in die letzte Kurve ein.

»Noch nicht, Kerby, noch nicht. Warte …« Es lag nur noch die Gerade vor ihnen – das Ziel, in dem Coach Nike eine Fahne schwenkte, war in greifbarer Nähe. »JETZT!«, brüllte Zag.

Und Kerby sprintete los. Zag musste sich am Wagen festklammern, damit er nicht vom Fahrtwind weggepustet wurde. Er hatte keine Ahnung gehabt, wie viel Kraft in diesem kauzigen Wollknäuel steckte und dass Kerby *so* schnell war.

Ehe er sichs versah, zogen sie mit Phobos und Deimos gleich und waren auf einer Wagenhöhe.

»Das gibt's doch nicht!«, stieß Phobos aus. »Du bist wie eine Schmeißfliege, die man einfach nicht loswird!«

»Na ja, Schmeißfliegen lassen sich ja bekanntlich da nieder, wo es besonders stinkt! Nach Angebern!«, erwiderte Zag und musste fast lachen, als er die entsetzten Gesichter der fiesen Zwillinge sah

und Stück für Stück an ihnen vorbeizog. Doch die Blicke galten offenbar nicht ihm. Als er ebenfalls nach vorn schaute, sah er noch, wie etwas Schwarzes auf sie zuschoss. Er duckte sich gerade rechtzeitig, doch das Ding beschrieb in der Flugbahn eine Kurve und traf Deimos und Phobos im Gesicht. Die beiden kreischten auf und schlugen um sich. Dabei mussten sie die Zügel entweder losgelassen oder zur Seite gerissen haben, denn ihre geflügelten Pferde brachen von der Bahn aus.

Alles passierte so schnell, dass Zag immer noch nicht verstanden hatte, was geschehen war, als Kerby bellend durch das Ziel hechtete. Die Menge tobte, Nike wedelte mit der Fahne und … schüttelte sie etwa ungläubig den Kopf?

Sobald Kerby zum Stehen kam, wurden Zag und sein Wagen von Schülerinnen und Schülern umringt, die ihn beglückwünschten. Herakles nahm Zag sogar auf die Schultern, und alle ließen ihn hochleben. Zag fühlte sich wie ein wahrhaft großer Gott! Er hatte die Olympischen Spiele im Wagenrennen tatsächlich gewonnen!

ALLES HAT
SEINEN PREIS

Nachdem sich die Aufregung etwas gelegt hatte, verkrümelte sich Zag in die Umkleide. Er wollte sich noch frisch machen, bevor er sich mit seinen Freunden auf dem Schulhof traf, um seinen Sieg zu feiern. Filly hatte wohl wieder etwas vorbereitet, und Zag freute sich, dass sie von vornherein so fest an ihn geglaubt hatte. Immer noch grinsend kam er aus der Dusche zurück und öffnete seinen Spind. Er hörte das Vibrieren und Wackeln der magischen Schriftrolle, bevor er das Leuchten sah. Niemand sonst war in der Umkleide, also konnte er die Rolle risikofrei öffnen. Ein freudiger Schauer lief ihm über den Rücken, als er den Haken hinter der vierten Aufgabe erblickte. Doch sein Hochgefühl verblasste augenblicklich, und sein Gesicht fiel in sich zusammen, als er die nächste Aufgabe las: »5. Aufgabe: Sorge dafür, dass Herakles verliert.«

Zag ließ sich fassungslos auf eine Bank fallen. »Was hat das

5. Aufgabe:

Sorge dafür, dass Herakles verliert.

zu bedeuten? Ich soll hier doch Anschluss finden und niemandem Schaden zufügen«, überlegte er. Herakles und er waren schließlich Freunde! Und nach allem, was er in den letzten Monaten von Morpheus, Daphne und Filly über Freundschaft gelernt hatte, konnte er doch nicht mir nichts, dir nichts Herakles' größten Traum zerstören. Er war für die Olympischen Spiele geboren.

Ein furchtbar schlechtes Gewissen überkam Zag. Er war nicht ehrlich zu seinen Freunden gewesen – hatte er da überhaupt das Recht, sie Freunde zu nennen, wenn sie nicht mal wussten, was er hinter ihrem Rücken trieb?

»Wenn ich es ihnen doch nur sagen dürfte …«, murmelte er.

»Tja, das darfst du aber nicht«, unterbrach ihn eine allzu bekannte Stimme.

»Alexa?«

Und tatsächlich, die Furien waren in der Umkleide aufgetaucht und bauten sich hinter Zag auf.

»Ganz recht. Wie wir schon sagten, bat Daddy uns darum, ein Auge auf dich zu haben, damit du keine Dummheit anstellst«, erklärte seine Schwester.

»Und anscheinend bist du gerade kurz davor, eine große Dummheit zu begehen«, fügte Meg hinzu.

Tessa riss ihm die Rolle aus der Hand. »Lass mal sehen ... Ah, du sollst Herakles verlieren lassen. Da haben wir doch genau das Richtige für dich.« Sie stieß einen Pfiff aus, und etwas Schwarzes flatterte herein. Es war Flederico, der eine Art Trikot in den Krallen trug und sich auf Tessas Schulter niederließ.

Zag hatte ein Déjà-vu, ihm kam das so bekannt vor ... »Moment ... hat etwa Flederico ...«

»Endlich ist der Groschen gefallen, Zaggilein. Ja, Flederico hat dir bei dem Rennen den Hintern gerettet und diese dämlichen Grobiane abgelenkt, damit du gewinnst.«

Alexa lachte. »Als ob du irgendwas allein auf die Reihe kriegen würdest. Du hättest das Rennen niemals ohne unsere Hilfe gewonnen.«

Zag zog die Schultern hoch und fühlte sich ganz klein.

»Was meinst du, wer dafür gesorgt hat, dass du in die Schulmannschaft kommst? Wer hat der Hydra einen Schlaftrunk gegeben, damit sie dich nicht zum Frühstück verspeist, während du fröhlich zum Fluss Lethe spazierst? Nur Herakles hat tatsächlich aus eigener Kraft den Test bestanden, wer hätte das gedacht bei dem Holzkopf?«

Die Schwestern lachten gehässig, und Zag wurde ganz schlecht.

»Aber Vater hat mir doch die Aufgaben gegeben, damit ich mich hier schneller wohlfühle.«

Das schrille Gelächter seiner Schwestern brach ab. Ihre Blicke wurden fast ... mitleidig? »Du glaubst das wirklich, oder?«, fragte Tessa. »So ist er nicht, und das solltest du langsam verstehen. Ihm geht es überhaupt nicht darum, dass du dich hier einlebst. Hades verfolgt ganz andere Ziele ...«

Meg stieß ihre Schwester in die Seite, um die zum Schweigen zu bringen.

»Schon gut! Wir sollen dich nicht nur im Auge behalten, damit du nichts ausquatschst – wir sollen dafür sorgen, dass du deine Aufgaben erfüllst.« Und damit warf Tessa ihm den Gegenstand zu, den Flederico ihr gebracht hatte.

Er war aus Stoff, um genau zu sein, war es ein Shirt, ein Laufshirt.

»Davon hat Herakles genug – was soll er damit?«, fragte Zag.

»Oh, das ist nicht irgendein Shirt, es ist das Hemd des Nessus. Es ist ... etwas Besonderes«, erklärte Alexa, und ein unergründliches Schimmern lag in ihren Augen.

Zag hatte ein ganz ungutes Gefühl. »Und was bedeutet das?« Er spürte plötzlich, wie seine Arme ganz schwach wurden, dabei wog das Hemd doch so gut wie nichts. Da kam ihm ein fieser Gedanke, und er riss die Augen auf. »Es ist vergiftet! Da ist irgendein Zeug dran, das müde macht.«

Alexa applaudierte. »Du bist so schlau, Zaggilein. Ja, davon wird Herakles so müde werden, dass er sich nie und nimmer auch nur bis in die Nähe des Ziels retten wird. Das Einzige, was

du tun musst, ist …« Sie deutete mit dem Daumen auf Herakles' Spind.

Doch Zag schüttelte den Kopf. »Nein, das kann ich nicht! Niemals!«

Meg warf ihr Haar zurück. »Ich hab euch doch gesagt, dass er es nicht tun wird.«

»Wer sagt es Daddy?«, fragte Tessa.

Alexa zuckte mit den Schultern. »Das kann er selbst machen, wenn er mit in die Unterwelt kommt, um Dad zu erklären, dass er gescheitert ist. Ich bin gespannt, wie dir das Camp im Tartaros gefallen wird. Im Sommer soll es dort unten recht heiß sein … Komm schon, Zaggilein, wir müssen Charon rufen.«

»Nein!«, rief Zag, ohne nachzudenken. Er wollte Herakles, seinem Freund, wirklich nichts Böses antun. Aber wenn er auch nur daran dachte, vor den Knochenthron treten zu müssen, wurden seine Beine zu Wackelpudding. Er würde es nicht ertragen, seinen Vater schon wieder zu enttäuschen. Das konnte er einfach nicht.

Also drehte er sich um und ging auf Herakles' Spind zu. Die Kombination für das Schloss war nicht sonderlich ausgefeilt: 1234. Es müffelte etwas nach benutzten Sportsocken. Dann nahm Zag das Laufshirt heraus, das Herakles sonst bei Wettbewerben trug, und legte das Hemd des Nessus auf den unordentlichen Kleiderstapel. Als er den Spind wieder schließen wollte, fiel sein Blick auf die Innentür des Spinds. Dort hing der Mathetest mit der Drei minus und einem Kommentar von Athene: »Gut gemacht!« Zags

Schultern sackten nach unten, während seine Schwestern müde applaudierten.

»So ist das halt, Zaggilein. Die Leute sehen uns als Außenseiter, und das werden wir auch immer bleiben. Mach dir nichts draus«, sagte Tessa und gab ihm einen Knuff auf den Arm.

6. Aufgabe:

Wähle eine
Begleitung
für die
Siegerehrung.

»Und jetzt halt dich an den Plan«, fügte Meg hinzu. Dann verließen sie die Umkleide und ließen Zag zurück, der keine Ahnung hatte, was er hier überhaupt tat.

Damit war auch die nächste Aufgabe erfüllt – plötzlich ging alles so schnell, und irgendwie gefiel ihm das überhaupt nicht. Immerhin sollte die nächste wirklich einfach sein: »6. Aufgabe: Wähle eine Begleitung für die Siegerehrung.«

Schließlich trottete Zag die endlose Treppe hinunter, die vom Stadion zum Schulhof führte. Schon von Weitem erkannte er, dass seine Freunde ganze Arbeit geleistet hatten: Der gesamte Schulhof war geschmückt, und neben dem Theater hatten sie

ein kleines Buffet aufgebaut mit Snacks auf Schaschlikspießen, Götterspeise und Nektarlimo. Er erkannte Filly, die ausgelassen zwischen den anderen Mitschülerinnen und Göttern umherlief, Morpheus, der sich mit ein paar Mädchen aus seinem Astronomiekurs unterhielt, und Daphne, die zwar etwas abseits saß, aber immerhin nicht allein war. Kerby hatte sich zu ihr gesellt und einen seiner Köpfe auf ihren Schoß gelegt. Immer wieder warfen ihnen die anderen neugierige Blicke zu oder zeigten ehrfürchtig hinüber. So etwas wie Kerby hatten sie noch nie gesehen. Da entdeckte Zag Herakles, der auf ihn zugerannt kam. Er schleuderte ihn fast zu Boden, als er Zag kumpelhaft einen Arm um die Schulter warf.

»Das war eine echt starke Leistung von dir! Herzlichen Glückwunsch! Ich wusste übrigens ehrlich nicht, dass Deimos und Phobos auch antreten würden. Nimm es ihnen nicht übel.«

Zag fühlte sich etwas unwohl und zuckte nur mit den Schultern. »Ach das, kein Problem.«

»Wir müssen auf deinen Sieg gleich noch mit einer Limo anstoßen – wer weiß, vielleicht bin ich ja morgen auch ein Olympionike.« Damit zwinkerte Herakles Zag zu und verschwand wieder in der Menge.

Zags Herz wurde schwer. Unter normalen Umständen würde Herakles auf jeden Fall gewinnen, aber mit einem verzauberten Hemd? Zag musste sich etwas einfallen lassen, damit er nicht zum Rennen gehen musste. Das konnte er sich nicht anschauen.

Da packte ihn jemand an der Hand und zog ihn hinter sich her.

»Los, komm schon, Zag, wir haben auf dich gewartet!« Es war Filly, die sich einen Weg durch die Menge bahnte und schließlich vor einem umgedrehten Mülleimer stehen blieb, den Morpheus zu einem Podest umfunktioniert hatte.

»Da ist er ja auch schon! Begrüßt unseren heutigen Ehrengast mit einem fetten Applaus!«, rief Morpheus und wedelte dabei mit einem Krug Nektar durch die Gegend. Einige Spritzer schwappten über den Rand des Krugs und trafen ein paar Götter in der vordersten Reihe. »Wir haben uns heute hier versammelt, um unseren großartigen Freund Zag zu feiern. Ein paar von euch haben ihn vielleicht bis heute noch nicht gekannt, er ist auch erst seit drei Monaten auf unserer Schule. Aber er ist nicht nur der beste Wagenlenker unserer Schule, sondern auch ein echt guter Freund!« Damit winkte er Zag zu und bedeutete ihm, zu ihm auf die Mülltonne zu steigen.

Doch in Zag rebellierte alles. Das, was er tat, war falsch. Und wofür ihn seine Freunde hielten, war nicht echt. Er war nicht echt. Also schüttelte er Fillys Hand ab und sagte nur. »Tut mir leid, Leute, ich hab das alles einfach nicht verdient … Ihr seid toll, aber ich bin das leider nicht …«

Morpheus blickte ihn verständnislos an, als Zag durch die Finger pfiff, woraufhin Kerby sich von Daphne löste und auf ihn zugaloppiert kam. »Tut mir leid …«, sagte er nur, bevor er auf Kerbys Rücken sprang und sie über den Innenhof zum Schultor davonrannten. Charon war eigentlich gerade im Begriff gewesen, abzulegen und Zags Schwestern nach Hause zu schippern. Da machte Kerby einen gewaltigen Satz und landete im Boot, was bedrohlich wankte. Im nächsten Moment schien es der dreiköpfige Hund schon zu bereuen, denn er stieß ein herzzerreißendes Jaulen aus.

Charon sah von Kerby zu Zag, dann schüttelte er den Kopf. »Ich will gar nicht wissen, was der Hund hier macht und wie ihr beide hierhergekommen seid. Ich will es einfach nicht wissen.«

Bevor sie auf dem Wolkenmeer verschwanden und in die Unterwelt abtauchten, sah Zag noch einmal zurück zur Olympia Akademie. Er erkannte drei immer kleiner werdende Gestalten am Anleger, die gelbe Shirts trugen und ihm nachblickten.

EINE BITTERE PILLE

Ich werde jetzt etwas sagen, das Euch nicht gefallen wird«, kündigte Niko an, als er Zag zum Thronsaal begleitete. Sein Vater hatte ihn einbestellt. »Ihr seid dabei, einen großen Fehler zu begehen.«

»Was du nicht sagst«, fauchte Zag, und im nächsten Moment tat es ihm leid. Er wusste, dass es unfair war, seine Wut über sich selbst an Niko auszulassen. Die ganze Fahrt mit dem Fährboot über hatte Zag gegrübelt, wie er das alles wieder geradebiegen konnte – wie er mit seinen Freunden reinen Tisch machen und ihnen alles erzählen könnte. Und tatsächlich war ihm nur eine Lösung eingefallen: Er musste mit seinem Vater reden. Bestimmt würde er sich darauf einlassen, den Deal abzuändern, sodass niemand zu Schaden kam.

»Dem Herrscher der Unterwelt ist es völlig egal, wem bei seinen Plänen etwas zustößt. Das fällt bei ihm unter Kollateralschäden.«

»Pass auf, wie du über meinen Vater redest!«, herrschte Zag ihn an, auch wenn ihm eine kleine Stimme in seinem Inneren sagte, dass Niko wahrscheinlich recht hatte.

»Zag, ich möchte Euch nicht belehren, aber Ihr seid nicht wie Euer Vater! Ich sage Euch, er verfolgt einen viel größeren Plan – ich kann es spüren. Und Ihr seid dabei, ihm bei seinen Machenschaften zu helfen.« Noch nie hatte sich Niko Zag gegenüber so offen gegen Hades ausgesprochen. Hades war schließlich sein Gebieter. Doch Niko blickte ihn so ernst und sorgenvoll an, dass Zag keine Ahnung hatte, wie er reagieren sollte. Das Schlimmste daran war das Gefühl, dass Niko vielleicht nicht ganz unrecht hatte.

»Das ist doch verrückt! Er will nur, dass ich auf der Schule gut ankomme und mir einen Platz unter den großen Göttern sichere! Ich bin zu Höherem bestimmt, so ist das eben!« Zag musste sich beherrschen, den Schatten nicht anzubrüllen, denn niemand sollte etwas von ihrer Unterhaltung mitbekommen. »*Ich* werde mal der Herrscher der Unterwelt sein und muss endlich auch so handeln! Da brauche ich nicht die Ratschläge eines alten, tattrigen Gespensts!« Zag schnaufte fast, so sehr hatte er sich in Rage geredet.

Nikos Gesicht wirkte auf einmal wie versteinert. Der Schatten schwebte nicht mehr hinter Zag her, sondern verharrte in der Luft. »Wenn Ihr das so seht … Es tut mir leid, dass ich Euch helfen wollte. Ihr werdet es schon allein schaffen, Euch ins Unheil zu stürzen.« Und damit löste er sich einfach in Luft auf.

Zags Brust hob und senkte sich. Kaum war Niko verschwunden, fühlte er sich furchtbar. Natürlich hatte er das alles nicht so gemeint. Er brauchte Niko, und es war ihm doch völlig egal, wofür ihn die anderen hielten! Oder redete er sich das nur ein? Er wusste selbst nicht mehr, was er denken sollte. Mittlerweile hatten ihn seine Füße auch schon bis zum Thronsaal getragen.

Die Gorgokriegerin, die neben dem Portal stand, schlug mit dem Ende ihres Speeres auf den Steinboden. »Er erwartet Euch bereits.«

Zag schluckte und strich sich die Haare aus dem Gesicht, bevor er eintrat.

Der Gott der Unterwelt saß nicht wie sonst auf seinem schwarzen Knochenthron, sondern beugte sich über einen Tisch, der am Rand des Saals stand. Auf ihm befanden sich verschiedene Flüssigkeiten in Gefäßen, die so aussahen wie ausgehöhlte Totenschädel. Okay, wahrscheinlich waren es Totenschädel. Zags Mutter war nicht da. Bestimmt war sie in ihrem Garten beschäftigt oder las in der Bibliothek, was sie ebenfalls liebte. Früher hatte sie Zag alle möglichen Sagen von Heldinnen und Helden vorgelesen. Er hatte immer einer von ihnen sein wollen und mit Kerby Szenen daraus nachgespielt. Keine Ahnung, warum er ausgerechnet jetzt daran denken musste, aber heldenhaft fühlte er sich schon lange nicht mehr.

»Da bist du ja, Zagreus. Ich vermisse meinen goldenen Streitwagen, du hast ihn nicht zufällig gesehen?«

Zag starrte auf seine Füße und rang um eine Antwort, die ihn vor dem Tartaros bewahren würde.

»Nicht so wichtig, es kann sein, dass er zum Radwechsel bei Hephaistos in der Werkstatt ist.«

Dachte sein Vater das wirklich? Aber Zag konnte es egal sein, Hauptsache, er bekam keinen Ärger.

»Wir haben uns lange nicht gesprochen. Du scheinst mir, oder wohl eher jedem hier, aus dem Weg zu gehen. Deine Mutter macht sich Sorgen ...« Zag hatte das Gefühl, dass Hades sich eher weniger Sorgen um ihn machte. »Wie läuft es mit den Aufgaben? Die Furien meinten, du bräuchtest zwar etwas Unterstützung, aber schlägst dich nicht schlecht.«

»Bisher ist es gut gegangen«, antwortete Zag. Dann nahm er all seinen Mut zusammen: »Deswegen würde ich auch gerne mit dir über etwas reden ...«

Hades nahm einen Schluck von dem Gebräu, dass er sich gerade zusammengemischt hatte. »Ich bin ganz Ohr.«

»Nun, also bisher habe ich ja alle Aufgaben erfüllt ...«

Hades' Augenbrauen zogen sich zusammen. »Aber?«

»Aber ich wollte fragen, wozu das alles überhaupt?«

Hades schlenderte mit zwei Getränken die Stufen zum Thron hoch und ließ sich darauf nieder. »Willst du etwa meine Befehle infrage stellen? Muss ich dich daran erinnern, dass wir eine Abmachung haben?«

Zag schüttelte heftig den Kopf. »Das würde mir niemals ein-

fallen! Es ist nur so, dass ich mich ja gut in der Schule einfinden soll, ich habe sogar Freunde gefunden. Aber jetzt Herakles Steine in den Weg zu legen, kommt mir nicht richtig vor.«

Hades zog eine Augenbraue hoch und musterte seinen Sohn. »Tja, es gibt immer noch eine andere Möglichkeit …«

Hoffnungsvoll blickte Zag zu seinem Vater und wurde im nächsten Moment enttäuscht. »Du kannst hinwerfen und das Sommercamp für ungezogene Prinzen im Tartaros besuchen, das liegt ganz bei dir.«

Zags Schulter sackten nach unten. Er bekam das Gefühl, dass Niko recht hatte. Hades ging es wirklich nicht darum, dass er in der Schule ankam und Freunde fand, darum war es ihm nie gegangen. Betroffen nickte er, er hatte verstanden.

»Schön, dann haben wir das geklärt. Kommen wir zu dem Punkt, warum ich dich eigentlich sehen wollte. Wenn ich recht informiert bin, lautet deine neue Aufgabe, eine Begleitung für die Siegerehrung der Olympioniken zu finden.« Er grinste fies, und Zag lief ein Schauer über den Rücken. »Ich war so frei, dir bei deiner Wahl behilflich zu sein.«

Und wie aufs Stichwort trat jemand aus dem Schatten einer Säule ins Licht der grünen Fackeln, die den Saal erhellten. Zag fiel die Kinnlade herunter, als die Göttin zu Hades ging und den Totenschädel mit dem Drink entgegennahm.

»Ich glaube, ihr kennt euch schon«, sagte Hades. »Deine Begleitung wird Pseudea sein.«

Zags Mitschülerin stieß mit Hades an. »Wir werden bestimmt ein ganz wunderbares Pärchen abgeben!« Sie hatte also wie Zags Schwestern mit seinem Vater zusammengearbeitet. Und ihr Lächeln war so falsch wie Hermes' Bräunungscreme.

»Aber was hat sie damit zu tun? Und warum ist sie hier?«, fragte Zag.

»Das soll nicht deine Sorge sein. Aber sagen wir so, ihre Mutter und ich sind alte Bekannte ...«, erklärte sein Vater.

»Außerdem habe ich es satt, mir Tag und Nacht für diese Schule ein Bein auszureißen. Wirklich niemand weiß meine Qualitäten und Bemühungen zu schätzen. Es wird Zeit, dass dort oben ein anderer Wind weht und ich endlich die Schulsprecherin der Olympia Akademie werde!«, fügte Pseudea hinzu.

Und aus irgendeinem Grund wurde Zag bei ihren Worten ganz schlecht.

Am nächsten Tag gingen die Olympischen Spiele weiter mit Ringen, Kugelstoßen und dem krönenden Abschluss, dem Hundert-Meter-Lauf. Für Letzteren hatten sich kaum Leute eingetragen, weil das Herakles' Königdisziplin war und er sie unter normalen Umständen auf jeden Fall gewonnen hätte. Es konnte ja keiner wissen, dass das hier keine normalen Umstände waren und Zag ihm ein verzaubertes Laufshirt untergeschoben hatte.

Doch Zag hatte nicht vor, dabei zu sein, wenn Herakles verlor. Sowieso hatte er beschlossen, den Spielen fernzubleiben und erst zu der Siegerehrung am Abend wiederaufzutauchen. Den ganzen Tag über versteckte er sich auf dem Jungsklo der Olympia Akademie. Auch weil es sich schäbig angefühlt hatte, als andere Göttinnen und Götter Autogramme von ihm auf ihren Wachstafeln haben wollten. Einer hatte ihn sogar gefragt, ob Zag seine Initialen in seinen Helm ritzen würde. Und vielleicht wollte er auch Daphne, Morpheus und Filly aus dem Weg gehen.

Es dauerte trotzdem nicht lange, da klopfte jemand an seine Kabinentür. »Hey, Zag, ich bin's Morpheus.«

Verdammt.

»Hey, Morph, äh, ich hab ziemlich üble Bauchschmerzen von den ganzen Eiweißshakes, die Daphne mir verordnet hat. Du solltest lieber verschwinden.«

Doch offenbar verschwand Morpheus nicht, sondern betrat die Kabine nebenan. Zag hörte, wie er den Klodeckel hinunterklappte, um sich zu setzen.

»Du benimmst dich irgendwie merkwürdig, Zag«, fing Morpheus an.

»Kann schon sein«, stimmte Zag ihm zu. »Mein Magen und zu

200

viel Eiweiß vertragen sich einfach nicht – das gibt fiese Blähungen und so.«

»Das meine ich nicht. Du bist gestern während meiner Rede einfach Hals über Kopf verschwunden. Filly hatte eine Überraschungstorte für dich gebacken.«

Zags Gewissen wurde noch schlechter – wie war das überhaupt möglich?

»Na ja, und heute verkrümelst du dich hier, dabei läuft doch gleich Herakles.«

»Ja, wie gesagt, mir geht es nicht so gut, mein Sportlermagen spielt verrückt.«

In Morpheus' Kabine raschelte es, dann quietschten Sandalen auf Porzellan, und plötzlich schob der Gott der Träume seinen Kopf über die Kabinenwand.

»He, schon mal was von Privatsphäre gehört?«, fragte Zag entrüstet.

»Zag, wir haben es dir schon hundertmal gesagt, wir sind Freunde, und du kannst mit uns über alles reden. Ganz ehrlich. Was auch immer das Problem ist, wir finden zusammen eine Lösung.«

»Ich gehe mit Pseudea auf die Feier!«, brüllte Zag in seiner Not hinaus, einfach um sein Gewissen zu übertönen. »So, jetzt ist es raus.«

Morpheus' Mundwinkel rutschten nach unten. »Oh, okay, ich dachte, wir machen das zusammen, das hast du doch gesagt.«

»Tja, wir machen es nicht zusammen. Ich hab meine Meinung eben geändert.«

Morpheus sah tief geknickt aus. »Sind wir dir nicht mehr cool genug? Ist es das?«

Zag wusste, dass es besser war, wenn sie keine Freunde mehr waren. Dann musste er sie auch nicht mehr anlügen, das hatten sie nicht verdient. Also stellte er sich vor, wie sein Vater das regeln würde, und blickte Morpheus eiskalt an. »Ihr wart mir noch nie cool genug. Ich brauchte nur jemanden, der mir hilft, die Spiele zu gewinnen. Ihr habt eure Aufgabe erfüllt, jetzt brauche ich euch nicht mehr.«

Doch Morpheus schüttelte den Kopf. »Das kann ich einfach nicht glauben, so bist du doch gar nicht!«

»Du kennst mich nicht. Wir sind keine Freunde. Große Götter geben sich nicht mit solchen Losern wie euch ab.«

Noch einen Augenblick lang sah Morpheus Zag an, dann kletterte er vom Klo runter und verließ leise das Schülerklo. Zurück blieb Zag ganz allein.

Und eine Zeit lang hatte er sogar seine Ruhe, in der er sich einfach nur schlecht fühlte und fast wünschte, endlich wieder in die Unterwelt zurückkehren zu dürfen. Vielleicht sollte er besser alles hier hinwerfen und freiwillig seine Strafe annehmen. Aber ein ganzer Sommer im Tartaros? Das konnte sich Zag einfach nicht vorstellen. Dort war es sogar noch ungemütlicher als in der Unterwelt, und das Essen sollte den Gerüchten zufolge ungenießbar sein.

Nach einer Weile wurde er aus seinen düsteren Gedanken gerissen, als ein paar Jungs das Klo stürmten.

»Mannomann, wer hätte das gedacht?«, sagte einer von ihnen.

»Niemand konnte das absehen, beim Training soll er noch
eine Rekordzeit gelaufen sein!«

»Vielleicht hat der Typ doch nichts auf dem Olymp verloren
und sollte wieder zurück in die Menschenwelt. Bestimmt suchen
sie da noch so lahme Schnecken wie ihn.«

Herakles hatte also verloren. Die Schriftrolle in Zags Schul-
sack begann von Neuem zu leuchten.

EIN FEINER TROPFEN

Nur noch vier Aufgaben lagen vor Zag. Er hatte es fast geschafft, aber er wusste jetzt schon, dass er nicht hier oben auf dem Olymp bleiben würde, sollte er alle erfüllen. Nein, er würde freiwillig in die Unterwelt zurückkehren, dort, wo er hingehörte.

Pseudea hatte ihn schließlich Stunden später auf dem Jungsklo gefunden, die Tür aufgetreten und ihn am Kragen seiner Tunika mit zum Amphitheater geschleift. Hier würde die Siegerehrung stattfinden. Fackeln erhellten das Theater, es duftete nach frischer Ambrosia, Musik erfüllte die Luft. Nicht nur alle Lehrenden der Schule waren gekommen, auch die Eltern der Siegerinnen und Sieger und alle großen Götter waren geladen. Zag erkannte Poseidon, der in ein Gewand gehüllt war, das aus Wasser zu bestehen schien. Kleine Wellen schwappten darüber, und Gischt sammelte sich zu seinen Füßen. Auf dem Kopf trug er eine Muschelkrone, und in der Hand hielt er einen funkelnden Drei-

zack. Der erinnerte Zag an den Zweizack seines Vaters. Die Göttermutter Hera schritt an ihm vorbei und unterhielt sich lachend mit Aphrodite – ihre Söhne Deimos und Phobos waren wirklich wie aus ihrem bezaubernden Gesicht geschnitten. Athene hatte ebenfalls versucht, sich unter die Gäste zu mischen, aber ihre Eule Aristoteles wollte auf ihrer Schulter einfach nicht stillsitzen und hatte wohl Ares auf die Robe gekackt, was fast zu einer Kriegserklärung führte (»Nach Troja auch das noch?!«). Aber während der Olympischen Spiele musste Einigkeit unter den Göttinnen und Göttern herrschen, so wollte es das Gesetz.

Plötzlich wurde Zag unsanft angerempelt. »Betrüger«, zischte ihm jemand zu. Zag drehte sich um und erkannte, dass es Phobos und Deimos waren. Sie trugen Küchentücher über den Armen und hielten Tablette mit Häppchen in den Händen.

»Wer bei den Spielen verliert, muss die Sieger bewirten, so ist es Tradition«, erklärte Pseudea, und ein gemeines Lächeln legte sich auf ihre Lippen. »Aber keine Sorge, Zeus hat Herakles sofort auf sein Zimmer geschickt. Er muss seine Sachen packen und in die Menschenwelt zurückkehren. Dem werden wir so schnell nicht mehr begegnen. Es war wirklich ein Trauerspiel, du hättest es sehen sollen.«

»Er muss was?! Das ist ja furchtbar!«, stieß Zag aus.

Aber Pseudea zuckte nur mit den Schultern. »So ist das eben. Er hat Zeus' Ehre mit dieser Blamage beschmutzt. Wir können nicht alle gewinnen.«

Doch irgendwie hatte Zag das ungute Gefühl, längst verloren zu haben. Sein Blick glitt weiter über die Gäste, bis er am Buffet hängen blieb, wo Dionysos, der Gott des Weines, gerade ein gewaltiges Füllhorn aufgestellt hatte. Es war das Füllhorn aus der Halle der Helden. Der reinste Nektar für diese besondere Feier war darin, mit dem sie alle zu der Siegerehrung anstoßen würden.

»Zag, da bist du ja!« Bevor er etwas dagegen tun konnte, warf seine Mutter Persephone die Arme um ihn.

»Oh, wow, Mum, du auch hier?« Peinlich berührt löste er sich aus der Umarmung.

»Natürlich bin ich hier – das lasse ich mir doch nicht entgehen! Wieso hast du nichts gesagt? Du hättest eine Brieftaube schicken können. Hermes hat mir erzählt, dass du das Wagenrennen gewonnen hast. Dein Vater und ich sind so stolz auf dich!«

Zag machte große Augen. »Vater ist auch hier?«

Doch das Lächeln seiner Mutter geriet ins Wanken, obwohl sie sich offenbar Mühe gab, sich nichts anmerken zu lassen. »Leider nicht, dein Vater lässt sich entschuldigen – wichtige Geschäfte.«

Zag starrte auf seine Sandalen. Er hatte es ja nicht anders erwartet. Trotzdem freute er sich, seine Mutter zu sehen. Und wenn Zag erst mal alle Aufgaben erfüllt hatte, würde sein Vater sicherlich auch kommen, um ihm zu gratulieren – daran musste Zag einfach glauben.

»So, dann lasse ich dich und deine … Freundin mal wieder allein und geselle mich zu den anderen. Meine Mutter Demeter müsste hier auch irgendwo sein. Hach, es ist schön, mal wieder rauszukommen.« Damit zwinkerte sie Zag zu und verschwand im Trubel.

Seine »Freundin« knuffte ihn in den Arm. »Das war ja herzzerreißend. So, wir müssen weiter. Du weißt doch, was als Nächstes ansteht. Hast du das Fläschchen dabei?«

7. Aufgabe:

Schütte das Wasser der Lethe in das Füllhorn.

Er nickte. Natürlich hatte er die kleine Phiole dabei, in die er das Wasser des Lethe-Flusses abgefüllt hatte. Denn seine siebte Aufgabe bestand darin, die Flüssigkeit dem Nektar im Füllhorn beizumischen. Keine Ahnung, was das bringen mochte. Er hoffte, dass es im besten Fall den Geschmack nur etwas pimpen würde. Im schlechtesten Fall war es ein kleiner Streich, und alle Göttinnen und Götter bekämen Durchfall. Fest stand, dass er sich dabei lieber nicht erwischen lassen sollte. Er wusste nur, dass alle Seelen, auch Niko, das Wasser zu trinken bekamen, wenn sie den Styx überquert hatten. Und war ihnen irgendwas passiert? Hatten sie irgendwelche Beschwerden geäußert? Nö, bisher war ihm nichts zu Ohren gekommen.

»Also schön, du kümmerst dich um die Ablenkung«, raunte er Pseudea zu, die genervt die Augen verdrehte – das konnte sie besonders gut.

»Wenn es unbedingt sein muss. Dein Plan ist übrigens total bescheuert.«

Sie hatte ihm erst nicht zustimmen wollen, aber aufgrund mangelnder Gegenvorschläge dann doch in *Operation: Pfauenfeder* eingewilligt. Also trennten sich ihre Wege, Zag lief zum Buffet, während Pseudea sich in die entgegengesetzte Richtung aufmachte und das Amphitheater verließ.

Zag schnappte sich einen Apfel, biss hinein und tat gelangweilt. Dann spuckte er den Apfel im hohen Bogen wieder aus, als er feststellte, dass er nur Deko war und aus Pappmaché bestand.

»Genießt du die Feier?«, fragte ihn plötzlich jemand.

Doch dieses Mal waren es weder Deimos noch Phobos oder seine Mutter. Neben ihm stand Daphne und blitzte ihn aus eiskalten Augen an.

»Äh, ja, total, großartige Feier«, nuschelte er. »Was machst du hier? Ich dachte, die Siegerehrung wäre nur für die Siegerinnen und Sieger und deren Begleitung.«

Daphnes Miene wurde noch finsterer. »Das stimmt. Eigentlich wolltest du uns ja mitnehmen. Aber dann hast du scheinbar je-

mand anderen gefunden.« Sie schnaubte, und Zag hätte es nicht gewundert, wenn Dampf aus ihren Ohren gekommen wäre. »Du kannst dir denken, dass mir das hier alles egal ist und ich mir nicht viel daraus mache. Aber Morpheus und Filly hat diese Freundschaft, oder was auch immer es war, etwas bedeutet.«

Zag zuckte nur mit den Schultern und versuchte, unbeeindruckt zu wirken.

»Zag, ich weiß, dass du etwas im Schilde führst. Das wusste ich von Anfang an. Mit dir stimmt was nicht.«

»Waaaas? Mit miiiiir?« Zags Stimme schraubte sich in ungeahnte Höhen. Anscheinend war er nicht so ein talentierter Lügner wie Pseudea.

»Ich glaube, dass du einen Plan verfolgst, seit du hier bist. Keine Ahnung, was es ist, aber ich werde dich im Auge behalten. Wir alle werden das.« Und damit nickte sie zu Filly, die gerade Hephaistos einen Drink anbot und zu ihm herüberfunkelte, bevor sie ganz schnell wieder wegsah. Und dann deutete sie auf Morpheus, der an einer Säule stand und die Mäntel der Gäste entgegennahm.

»Sei auf der Hut«, flüsterte sie.

Die Phiole in Zags Tunikatasche wog plötzlich tonnenschwer. Daphne hatte als Einzige sein Schauspiel von Anfang an durchschaut.

Er wollte gerade zu einer lahmen Erwiderung ansetzen, als ein schriller Schrei ertönte und dann noch einer. Die Menge stob

auseinander, als mindestens sechs riesige Pfauen das Theater stürmten. Die Pfauen waren völlig aufgeschreckt, schrien wie am Spieß und mähten alles um, was ihnen in die Quere kam. Federn flogen in alle Richtungen, und noch mehr Schreie ertönten, der schrillste stammte von Hermes, der sich mit einem Sprung auf Athenes Arm rettete. Am Rand des Amphitheaters erkannte Zag Pseudea, deren Frisur in alle Richtungen abstand und voller Federn war. Sie sah gar nicht glücklich aus, aber Zag hatte verstanden und zeigte ihr einen Daumen nach oben.

»Achtung!«, rief er, als ein Pfau in seine und Daphnes Richtung blickte und schubste Daphne ins Buffet. Was eigentlich völlig überflüssig war, da der Pfau sie nicht angriff, sondern nur in der Hektik sein Geschäft verrichtete. Zag wusste, dass er das irgendwann von Daphne zurückbekommen würde.

Es schepperte, und Teller flogen durch die Gegend. Das Füllhorn des Dionisos schwankte bedrohlich. Die Gelegenheit nutzte Zag, um in einer fließenden Bewegung die Phiole unter seiner Tunika herauszuziehen, sie mit den Zähnen zu entkorken und – während er so tat, als würde er das Füllhorn stabilisieren – den Inhalt hineinzukippen. Das alles dauerte nur Sekundenbruchteile, aber dann war es geschafft. Der Applaus für diese grandiose Aktion blieb zwar

aus, aber dafür regte sich die Schriftrolle, die Zag in seinem Seesack dabeihatte.

Die Pfauen, die eigentlich Heras Wagen bei dem Rennen hätten ziehen sollen, wurden erst nach und nach wieder eingefan-
gen. Und die Feierlichkeiten mussten kurz unterbrochen werden.
Athene hatte zwei Tiere einfach am Schlafittchen gepackt, sobald
sie Hermes von ihrem Arm hinuntergeschmissen hatte. Und der
mächtige Zeus hätte einen Pfau fast mit einem Blitz gegrillt, wenn
Hera nicht dazwischengegangen wäre.

»Ich möchte mich für die Unannehmlichkeiten entschuldigen – ich weiß wirklich nicht, was in diese Tiere gefahren ist.
Aber wir haben die Lage wieder unter Kontrolle«, gab Athene
schließlich bekannt, nachdem Deimos auch den letzten Pfau zu
Boden gerungen hatte. »Deswegen würde ich vorschlagen, dass
wir keine Zeit verlieren und gleich mit der Siegerehrung weitermachen. Dürfte ich euch nun bitten, dass ihr alle ein Glas von
Dionysos feinstem Nektar in Empfang nehmt und es euch auf den
Sitzplätzen bequem macht?«

Ein paar Göttinnen und Götter beschwerten sich noch über
zerstörte Frisuren oder Pfauenmist auf den teuren Roben, aber
dann taten alle wie geheißen und nahmen auf der Tribüne des
Amphitheaters Platz. Zags Mitschüler und Mitgöttinnen, die dazu
verdonnert worden waren zu kellnern, teilten die Getränke aus.
Daphne hatte sich zwar von ihrem Sturz ins Buffet erholt, aber
funkelte Zag zornig an.

211

Bei dem stellte sich ein kribbeliges Gefühl im Bauch ein. An seiner Seite tauchte Pseudea wieder auf, ihr Haar war nicht mehr ganz so strubbelig wie zuvor, aber noch immer steckten ein paar Federn darin. Erst wollte er sie darauf hinweisen, überlegte es sich dann aber anders.

»Wenn sich die ganze Mühe nicht gelohnt hat, werde ich dir das Leben zur Hölle machen«, flüsterte sie ihm ins Ohr.

Zag schluckte – er glaubte ihr jedes Wort. Aber bis hierhin hatte der Plan funktioniert.

»Kommen wir nun zur Siegerehrung der Schulolympiade – unserer Olympischen Spiele!«, begann Nike, die in der Mitte des Theaters vor einem Podest stand. Tosender Applaus entbrannte auf der Tribüne. »Wir beginnen mit der ersten Disziplin: dem Wagenrennen.« Nike hüstelte. »Ich muss gestehen, dass der diesjährige Sieger auch für mich eine Überraschung war. Nach einem wirklich atemberaubenden Rennen hat sich der beste Wagenlenker durchgesetzt. Ich bitte um einen herzlichen Applaus für den Sohn von Hades und Persephone, unseren neuen Schüler Zagreus.«

Damit setzte das Schulorchester ein und spielte einen pompösen Tusch, während das Publikum eher verhalten reagierte. Nur seine Mutter war in einer der vorderen Reihen aufgesprungen und klatschte wie wild. Zag merkte, wie sein Kopf ganz heiß wurde. Und da sich seine Beine einfach nicht bewegen wollten, nahm Pseudea ihm den Rucksack mit der Schriftrolle ab und gab ihm ei-

nen Stoß. Dabei hatte sie wieder dieses furchtbar falsche Lächeln aufgesetzt und winkte der Menge zu.

»Versau's nicht«, sagte sie noch, bevor sie Zag einen letzten Schubs Richtung Siegerpodest gab. Benommen stieg Zag darauf und schaffte es sogar, ein halbwegs vernünftiges Gesicht zu machen. Vielleicht sah er auch völlig gequält aus, wer konnte das schon sagen?

»Und hiermit übergebe ich dir den Lorbeerkranz für den größten Wagenlenker der Olympischen Spiele – dir wird für immer Ruhm und Ehre sicher sein«, verkündete Nike und setzte Zag, der sich zu ihr hinunterbeugte, einen goldenen Kranz auf. Das alles fühlte sich an wie ein Traum. Ein Albtraum. So hatte Zag sich das nie vorgestellt, dass er hier oben stehen würde, während seine Freunde, die nicht mehr seine Freunde waren, am Rande der Tribüne standen und enttäuscht zu ihm sahen. Morpheus schüttelte traurig den Kopf, während Filly die Arme vor der Brust verschränkt hielt und Daphne sich mit einem Finger über den Hals fuhr, um Zag unmissverständlich zu zeigen, was auf ihn wartete. Wie in den guten alten Zeiten. Auf ihrer Wange klebte immer noch etwas Salat, wenn Zag das auf die Entfernung richtig deutete.

»Trinken wir auf Zagreus, den Gott, der uns alle überrascht hat und zu Großem bestimmt ist!«, rief Nike und hob ein Glas mit Nektar in die Luft.

Die Götter und Göttinnen des Olymps taten es ihr gleich und hoben die Gläser an die Lippen.

Erst herrschte eine gespenstische Stille – dann brach das Chaos aus.

DIE SCHLÜSSEL
DES ZEUS

Ein paar Götter fassten sich an den Kopf und blickten sich unsicher um, während andere einfach nur leer vor sich hinstarrten und überhaupt nicht mehr reagierten. Und wie auf ein unsichtbares Zeichen hin drehten plötzlich alle durch. Am schlimmsten waren diejenigen, die ihre göttlichen Kräfte einsetzen, was auf dem Schulgelände doch eigentlich strengstens verboten war! Poseidon ließ eine Welle heranrollen, die über Ares hinwegschwappte, der wiederum so wütend darüber war, dass er einen Speer erscheinen ließ und damit nach Poseidon warf.

Als sich Poseidon duckte und besagter Speer in Zags Richtung flog, sprang der gerade noch rechtzeitig hinter dem Podest in Deckung. Glücklicherweise blieb der Speer im Siegertreppchen stecken. Plötzlich galoppierte Artemis, die Göttin der Jagd, mit einem Hirsch an Zag vorbei, woher auch immer sie ihn gerufen hatte.

»Attacke!«, brüllte sie und rannte mit dem Hirsch über den Schulhof.

Zag schielte am Siegertreppchen vorbei und entdeckte einige Göttinnen und Götter, die sich verwandelten. Da war zum Beispiel Zeus, der plötzlich Hufe hatte (»Ahhh, ich habe Hufe, ich habe Hufe! Bin ich etwa eine Kuh?«) und dann komplett zu einem Stier wurde, der ziellos durch die Gegend lief. Bis sich Hermes auf ihn stürzte und versuchte, auf dem Bullen Rodeo zu reiten (»Yiiii- ieeehaaa!«).

Und dann entdeckte Zag seine Mutter, die unkontrolliert fleischfressende Pflanzen aus dem Boden aufsteigen ließ, die wiederum nach den anderen schnappten.

»Was passiert hier, Pseudea? Die sind doch alle übergeschnappt!« Hektisch blickte sich Zag nach ihr um. Aber von Pseudea fehlte jede Spur. Sie hatte sich aus dem Staub gemacht! Nur sein Seesack lag da, wo sie eben noch gestanden hatte.

Dann musste Zag da also allein durch. Und passenderweise begann nun auch noch der Seesack zu wackeln und zu vibrieren – natürlich, die Schriftrolle! Vielleicht stand darin die Lösung.

Er angelte danach, ohne sich zu weit aus seiner Deckung zu begeben. Ein undefinierbarer Pudding schlug kurz vor ihm auf und spritzte in alle Richtungen.

Zag rollte den Papyrus auseinander – und tatsächlich: »8. Aufgabe: Besorge den Schlüssel des Zeus.« Na klar! Ein Schlüssel, das war bestimmt auch der Schlüssel zu all seinen Problemen.

8. Aufgabe:

Besorge den
Schlüssel
des Zeus.

Vielleicht hatte sein Vater voraus-
gesehen, was passieren würde.

»Was ist das?«, fragte ihn
plötzlich jemand. Zag drehte sich
um, hinter ihm standen Daphne,
Filly und Morpheus. Sie hatten zur
Deckung einen gigantischen Servier-
teller vor sich her gerollt und blickten
ihn misstrauisch an.

Daphne ließ die Fingerknöchel
knacken.

»Was ist hier los, Zag? Hast du etwas
damit zu tun?«, fragte Morpheus, und man
konnte an seinem Gesicht erkennen, dass er hoffte, Zag würde
Nein sagen. Aber das konnte er nicht.

»Wir haben ihn die ganze Zeit über im Auge behalten, er hätte
nichts tun können«, überlegte Filly laut.

Doch Daphne schüttelte langsam den Kopf. »Das stimmt
nicht. Als die Pfauen ausgebrochen sind, hat Zag mich aus dem
Weg geschubst. Er hat …«, Daphnes Augenbrauen zogen sich
noch weiter zusammen, »das Essen vergiftet!«

Daphne lag nur knapp daneben. Er hatte nichts ins Essen gemischt, aber in den Nektar. Und sobald alle davon getrunken
hatten, waren sie durchgedreht. Aber es war doch nur das Wasser
aus dem Fluss Lethe. Es war völlig harmlos, sie gaben es doch den

neuen Schatten. Selbst Niko hatte davon schon getrunken … Zag stutzte. Niko hatte gesagt, dass er sich an nichts davor erinnerte, also auch nicht an sein Leben davor. Er hatte alles vergessen. Was hatte das zu bedeuten? Was bewirkte das Wasser der Lethe wirklich?

»Was für eine Schriftrolle ist das? Gib sie her!«, fuhr Daphne ihn an und griff danach.

Reflexartig riss Zag sie an sich und steckte sie in seinen Beutel. »Auf keinen Fall, die gehört mir!«

»Was hast du zu verbergen?« Daphne machte einen weiteren Schritt auf ihn zu.

Zag überlegte fieberhaft. Er konnte nicht zulassen, dass sie seine Schriftrolle in die Finger bekam. Er musste seine Aufgaben erledigen, er hatte es seinem Vater versprochen, er setzte auf ihn. Auf ihn, Zagreus, seinen Sohn, der sonst nichts hinbekam, der eine einzige Enttäuschung war. Er durfte nicht schon wieder versagen. Also rappelte er sich auf und rannte einfach im Zickzack davon, mitten auf den Tumult der Götter zu. Zag wich kleinen Küchlein aus, ein Schwert fuhr knapp über seinem Kopf durch die Luft und er wurde beinahe von einem Eber überrannt. Als er kurz einen Blick über die Schulter warf, sah er, dass die anderen Mühe hatten, ihm durch das Getümmel zu folgen. Gut so. Sobald er wieder nach vorn blickte, musste er zur Seite springen, da plötzlich ein Baum vor ihm aus dem Boden spross.

Dahinter entdeckte er Zeus in Stierform, der Hermes mitt-

lerweile abgeworfen hatte. An seinem Stiernacken hing eine Kette mit einem Schlüssel daran, das war Zags Ziel. Er ging seine Möglichkeiten durch: Erstens, er könnte es ebenfalls mit Rodeo versuchen, allerdings würde er sich wahrscheinlich alle Knochen brechen oder aufgespießt werden. Zweitens, vielleicht sollte er sich auch in einen Stier verwandeln und es mit Zeus aufnehmen. Wahrscheinlich würde die Variante ein sehr schnelles und schmerzhaftes Ende nehmen. Ihm blieb nur Möglichkeit Nummer drei.

Also sprintete Zag in geduckter Haltung zum Buffet, riss dort das rote Tischtuch herunter, sodass die Speisen, die noch nicht als Wurfgeschosse benutzt worden waren, nur so durch die Gegend flogen. Dann lief er zum Stier zurück und wedelte mit dem roten Tuch umher.

»He, du da! Ja, genau, ich meine dich! Du bist ja wohl die lahmste Ente, die mir je begegnet ist. Das ist doch kein Bulle, das ist ein kleines Kälbchen …« Superschlagfertig oder geistreich war das nicht, aber es reichte, um Zeus wütend zu machen. Vielleicht hasste er auch einfach das rote Tuch, das er wie hypnotisiert anstarrte. Auf jeden Fall scharrte der Stier so sehr mit seinem Vorderhuf, dass Staub aufwirbelte. Dann rannte Zeus auch schon los direkt auf Zag zu.

Der war zwar kurz davor, sich in die Hose zu machen, aber blieb standhaft. Erst im letzten Moment wirbelte er zur Seite. Mit der freien Hand griff Zag blitzschnell nach dem Schlüssel und riss ihn mitsamt der Kette ab.

Zeus legte eine Vollbremsung hin und stieß ein wütendes Muhen aus.

»Haha, geschafft!«, rief Zag und legte ein kleines Freudentänzchen hin.

»Von wegen! Gib das her!«, plötzlich war Zag von Filly, Morpheus und Daphne umringt.

»Wie kannst du Zeus, den Göttervater, bestehlen?«, fragte Filly und schüttelte den Kopf.

Zag schnaubte. »Ihr versteht das nicht, ich habe mir nur etwas geborgt! Geht zur Seite!«

Doch Morpheus schüttelte entschieden den Kopf. »Auf keinen Fall! Du gibst uns jetzt den Schlüssel und trittst dann zur Seite.«

»Das werde ich nicht«, entgegnete Zag.

»Das solltest du aber ganz dringend«, sagte Morpheus, machte dabei große Augen und deutete hinter Zag. »Denn Zeus galoppiert geradewegs auf dich zu und sieht gar nicht glücklich aus!«

Zag warf einen Blick nach hinten. Zeus würde ihn gleich auf die Hörner nehmen. Filly und Daphne sprangen zur Seite, während Morpheus nach Zag griff. Doch er erwischte nur Zags Seesack, den der einfach fallen ließ. Und dann rannte Zag, was das Zeug hielt. Er lief so schnell, dass Coach Nike Augen gemacht hätte, wenn sie nicht gerade unkontrolliert mit den Flügeln schlagend durch die Luft getrudelt wäre.

»Hier rüber, Zag!«, rief ihm jemand zu.

Zag sah sich panisch um und entdeckte Pseudea, die sich auf die Statue von Athene gerettet hatte und ihm eine Hand entgegenstreckte. Dort oben würde Zeus ihn nicht erwischen. Also schlug er einen Haken, ergriff Pseudeas Hand und ließ sich mit einem Ruck nach oben ziehen. Die Statue wackelte, als der Stier eine Millisekunde später dagegen krachte.

»Puh, danke dir, das war knapp. Fast hätte Zeus mich aufgespießt!« Zag schnaufte, als würde er gleich umkippen.

»Hast du den Schlüssel?«, fragte Pseudea und durchbohrte ihn mit ihrem Blick.

Bevor er antworten konnte, kamen Daphne, Morpheus und Filly angerannt. Ihre Gesichter waren wie versteinert.

»Was hat das zu bedeuten?«, fragte Morpheus und warf Zag die Schriftrolle zu, die in seinem Seesack gesteckt hatte. Er fing sie gerade noch mit einer Hand auf, ohne von der Statue zu stürzen.

9. Aufgabe:

Befreie die Titanen.

»Was für ein Spiel spielst du? Sag es endlich!« So wütend hatte Zag Morpheus noch nie erlebt. Also rollte er den Papyrus auseinander: »9. Aufgabe: Befreie die Ti…« Zag blieben die Worte im Hals stecken.

»Da steht *Titanen*! Und du sollst sie befreien! Dabei hat es einen guten Grund, dass sie im Tartaros eingesperrt sind«, fuhr ihn Morpheus wütend an. »Du hast uns die ganze Zeit belogen! Du willst gar nicht auf dem Olymp zur Schule gehen, du willst den Olymp ins Chaos stürzen! Und das ist dir bisher auch bestens gelungen!«

Zag war wie vor den Kopf gestoßen, er wusste selbst nicht, was das zu bedeuten hatte.

»Hör nicht auf diese unwichtigen kleinen Götter. Hast du nun den Schlüssel oder nicht?«, wiederholte Pseudea und streckte die Hand aus.

Er fühlte sich wie in Watte gehüllt und schaffte es nicht, einen klaren Gedanken zu fassen. Zag hielt den Schlüssel hoch. »Klar, hier ist –« Doch bevor er zu Ende sprechen konnte, hatte Pseudea ihm den Schlüssel schon aus der Hand gerissen, und ein Lächeln machte sich auf ihrem Gesicht breit. Ein unheilvolles Grinsen. Sie steckte sich zwei Finger in den Mund und stieß einen schrillen Pfiff aus.

Und da schoss Flederico pfeilschnell auf sie zu, schnappte sich den Schlüssel und landete auf ihrer Schulter.

»Du weißt, was du zu tun hast, Flattermaus.«

Zag entdeckte Tessa, Meg und Alexa, die unweit des ganzen Chaos standen. Doch sie schienen genauso geschockt davon zu sein wie Zag selbst. Ihr gemeines Grinsen war ihnen gehörig vergangen.

»Vergiss nicht, dem Herrscher der Unterwelt auszurichten, wer ihm den Schlüssel verschafft hat«, zischte Pseudea der Fledermaus ins Ohr.

Immer noch fiel es Zag schwer, zu verstehen, was hier gerade passiert war und was für eine Rolle er dabei spielte.

»Kannst du mir mal erklären, was das alles zu bedeuten hat?«

Pseudea schnaubte. »Ist das denn so schwer? Du hast die Aufgaben deines Vaters fast erfüllt, du warst so kurz davor.« Sie zuckte mit den Schultern. »Aber jetzt übernehme ich und heimse die Lorbeeren dafür ein, dass du seinen genialen Plan vorbereitet hast. Ich kann es kaum erwarten, dass Hades die Titanen entfesselt und mit ihnen den Olymp plattmacht. Du warst eine große Hilfe, aber das ist eine Nummer zu groß für dich.«

Und damit scheuchte Pseudea Flederico von ihrer Schulter weg. Der erhob sich in die Lüfte und raste auf den Abhang des Olymps zu.

Er würde zu Hades fliegen und ihm den Schlüssel zum Tartaros übergeben, damit er die Titanen befreite. Zeus hütete diesen Schlüssel, und Zag hatte ihn ihm abgenommen. Er hatte alle großen Götter außer Gefecht gesetzt und Herakles aus dem Weg geräumt. Zag kniete wirklich bis zum Hals in Harpyien-Mist.

EIN HELD
AUF ABWEGEN

Zag löste sich aus seiner Starre und sprang von der Statue. Glücklicherweise hatte Zeus das Interesse an ihm verloren und war wieder zu den anderen Göttinnen und Göttern getrabt. Bestimmt brummte sein Schädel.

»He, das wollte ich nicht, das wollte ich wirklich nicht. Ich wusste nicht, wofür die Aufgaben waren. Ich hab nur ein paar Tropfen vom Wasser der Lethe in das Füllhorn gegeben! Das reichen wir auch den Seelen, wenn sie in die Unterwelt kommen und ganz aufgebracht sind. Danach entspannen sie sich und ...« Zag hielt inne, ihm kam ein furchtbarer Gedanke: Sein Lehrer Niko hatte auch davon getrunken, und er konnte sich nicht mehr an sein Leben vor dem Tod erinnern. Aber nicht, weil er schon so lange tot war, sondern weil er es schlagartig vergessen hatte ...

»Das Wasser der Lethe löscht alle Erinnerungen ...«, entfuhr es Zag.

»Es tut was?!«, fragte Filly schrill.

»Das ist alles deine Schuld«, sagte Daphne.

»Aber das wollte ich doch nicht! Ich wusste nicht …«

Doch seine ehemaligen Freunde standen mit vernichtenden Blicken und verschränkten Armen vor ihm.

»Und selbst wenn es so wäre«, fuhr Filly ihn an, »dann hättest du uns davon erzählen müssen! Wir hätten eine Lösung finden können. Wir waren doch der Club der kleinen Götter!«

»Du hast uns benutzt«, fügte Morpheus traurig hinzu.

Und damit gingen die drei einfach an ihm vorbei und ließen ihn stehen. Als Zag sich zur Statue umdrehte, war Pseudea wie vom Erdboden verschluckt.

»Aber wo wollt ihr denn jetzt hin? Wir müssen Flederico … äh … die Fledermaus verfolgen und aufhalten!«, rief Zag ihnen nach und warf hilflos die Arme in die Luft.

Morpheus blieb stehen. »Du hast schon genug angerichtet. Wir werden jetzt tun, was in unserer Macht steht, um den Olymp zu verteidigen.«

Und weg waren sie. Zag warf einen letzten Blick auf die Schriftrolle: »10. Aufgabe: Mach Daddy stolz!«

10. Aufgabe:

Mach Daddy stolz!

Er ließ die Arme sinken. Das hatte er so gründlich verbockt, wie es nur ging. Und allein könnte er es niemals mit seinem Vater aufnehmen, geschweige denn mit den Titanen. Davor graute es ihm am meisten.

Er hatte keine Freunde mehr, Kräfte, mit denen er rein gar nichts ausrichten konnte, und selbst Niko und Kerby waren weit weg. Es war aussichtlos. »Nicht mal Herakles könnte jetzt noch etwas ausrichten«, sagte Zag und trat gegen einen Stein, an dem er sich fast den Fuß brach. Fluchend hüpfte er auf einem Bein – bis ihm plötzlich ein Gedanke kam. »Herakles … Natürlich!«

Hades hatte mit seinen Aufgaben dafür gesorgt, dass alle großen Göttinnen und Götter aber auch Olympioniken auf der Feier waren und den Trank der Lethe zu sich nahmen. Hades wollte alle ausschalten, die etwas gegen ihn ausrichten konnten. Deswegen hatte Zag auch Herakles reinlegen müssen, damit der sich gar nicht mehr auf dem Olymp befand, wenn Hades hier einmarschierte.

Wenn also Zag Herakles überzeugen würde, ihm zu helfen, könnten sie Hades und die Titanen vielleicht doch noch aufhalten! Aber wie sollte Zag ihn finden? Herakles war bestimmt schon auf dem Weg in die Menschenwelt. Zag hatte keine Zeit zu verlieren!

Zag kletterte den mächtigen Olymp hinab Richtung Menschenwelt. Vielleicht würde er Herakles noch einholen, wenn er sich beeilte.

Eine Zeit lang folgte Zag einem schmalen Pfad, bis der irgendwann in dichten Nebelschwaden verschwand. Natürlich, er hatte die Wolkengrenze erreicht.

Zag tastete sich nun vorsichtiger voran. »Nicht, dass ich den Olymp runterpurzele. Hier sieht man ja die eigene Hand vor Augen nicht.«

Mühsam und halbblind kraxelte er weiter den steinigen unsichtbaren Pfad hinab. Der Weg wurde nach und nach beschwerlicher, da der Untergrund ganz rutschig von der Nässe der Wolken war. Und noch bevor sich Zag darüber Gedanken machen konnte, ob es nicht klug gewesen wäre, sich mit einem Seil oder etwas Ähnlichem zu sichern, passierte es: Er trat auf einen lockeren Stein, rutschte mit seiner Sandale aus, die definitiv nicht fürs Bergsteigen gedacht war, und fiel. Zag stieß einen spitzen Schrei aus, der von der Wolkendecke kaum gedämpft und von den Gesteinswänden zurückgeworfen wurde. Das war das Ende, er würde einfach

in die Tiefe stürzen und unten platt wie ein Pfannkuchen auf-
klatschen.

Der Fall endete abrupt, als jemand seinen Arm packte und ihn
zurückzog. Jemand, der verdächtig nach Pfirsich roch. Herakles
hatte ihn in letzter Sekunde vor einem Sturz bewahrt!

»Du hast mich gerettet!«, rief Zag, drehte sich um und wollte
sich schon wie Filly Herakles um den Hals werfen. Doch der
winkte gleich ab und ließ die Schultern hängen.

»Das ist doch wohl das Mindeste, was ich tun kann. Du bist
schließlich ein waschechter Olympionike, ein Held – und nicht
so ein Versager wie ich ...«

Zag schüttelte den Kopf. »Was erzählst du da für einen Käse?
Du bist der größte Held, dem ich je begegnet bin. Niemand ist
stärker als du und kann es mit dir aufnehmen. Weißt du nicht
mehr, wie du den unverwundbaren Löwen bezwungen hast?«

Doch Herakles zuckte mit den Schultern. »Ich weiß, du meinst
es nur gut mit mir, aber ich bin kein Held. Ich habe bei den Spielen völlig versagt. Und jetzt geht es für mich zurück in die Menschenwelt, weil ich einfach nicht für den Olymp gemacht bin.«

Zags Magen drehte sich um, und er wusste, dass es an der Zeit
war, mit der Sprache rauszurücken. »Wenn jemand nicht für den
Olymp gemacht ist und dort absolut nichts verloren hat, dann bin
das ich. Herakles, ich muss dir etwas gestehen ...« Zag atmete tief
durch. »Ich bin daran schuld, dass du die Spiele verloren hast. Es
ist alles meine Schuld. Und ich glaube nicht, dass du mir jemals

verzeihen wirst, das brauchst du auch nicht, denn das hätte ich nicht verdient. Aber ich hoffe, dass du mir trotzdem dabei hilfst, den Olymp gegen meinen Vater zu verteidigen und vor dem Ansturm der Titanen zu retten.«

Herakles hatte ein sehr großes Fragezeichen im Gesicht. Offenbar hatte Zag ihn auf halber Strecke verloren. Dann schüttelte Herakles den Kopf. »So ein Quatsch, ich habe das Rennen verloren, weil ich zu langsam war. Das hatte nichts mit dir zu tun.«

»Doch, hat es irgendwie schon …« Und dann erklärte Zag Herakles, wie die ganze Sache abgelaufen war. Überhaupt sprudelte alles aus ihm raus, was es mit den Aufgaben auf sich hatte, und auch dass sein Vater ihn jetzt ins Camp im Tartaros stecken würde. Zag fühlte sich zwar immer noch schrecklich, weil er dazu in der Lage gewesen war, einem Freund so etwas anzutun, aber irgendwie war es auch eine Erleichterung, die Wahrheit endlich loszuwerden.

»Okay, ich verstehe das«, meinte Herakles dann. »Ich verstehe das und vergebe dir.«

Zag fiel die Kinnlade runter. »Du vergibst mir? Einfach so? Ich hab dafür gesorgt, dass du die Olympischen Spiele nicht gewinnst, dass du gedemütigt und vom Olymp verbannt wirst. Willst du mich nicht lieber vierteilen? Mich auf den Mond schießen? Mir einen Hosenzieher des Todes verpassen?«

Auf Herakles' Gesicht schlich sich ein Lächeln. »Keine schlechte Idee … Aber nö. Ist doch glasklar, du hast das alles nur

gemacht, um deinem Paps zu gefallen. Und jetzt merkst du, dass es nicht richtig war, und willst deine Fehler wiedergutmachen.«

Herakles zuckte mit den Schultern. »Ich hab auch ein paar Dinge getan, auf die ich nicht stolz bin, um die Anerkennung meines Dads zu bekommen. Ich liebe Löwen, das sind prächtige Tiere. Wieso sollte ich ihnen das Fell über die Ohren ziehen wollen? Aber im Grunde sollten wir vor allem uns selbst treu bleiben.«

Ungläubig blickte Zag Herakles an. »Das ist wahrscheinlich das Weiseste, was jemals jemand zu mir gesagt hat.«

Im nächsten Moment landete Herakles' Pranke auf Zags Schulter und haute ihn fast aus den Latschen. »Was hast du eben noch gefaselt? Wir müssen den Olymp retten? Also ich bin dabei!«

DIE RUHE VOR
DEM STURM

Im Nullkommanix waren Herakles und Zag den Olymp wieder hochgeklettert. Was vor allem daran lag, dass Herakles Zag wie ein Baby vor sich her getragen hatte. Auf der Olympia Akademie herrschte nach wie vor Chaos: Verwirrte Götter sowie ein paar entflohene Tiere liefen umher (Wo kam das Nilpferd her?). Schülerinnen und Schüler versuchten vergeblich, die Ordnung wiederherzustellen. Doch Herakles musste nur einen Blick über die Szene schweifen lassen, dann nahm er zwei Finger in den Mund und stieß einen so lauten und schrillen Pfiff aus, dass beinahe jedwedes Glas auf dem Olymp gesprungen wäre.

Sofort blieben Zags Mitschüler stehen und sammelten sich um Herakles. Darunter waren auch Deimos und Phobos, Filly, Morpheus und Daphne, sowie die Amazonen, die die Schule eigentlich beschützten. Doch auch sie waren gegen die durchgedrehten Götter machtlos gewesen.

Herakles brauchte nicht mal ein Podest, um gesehen zu werden und sich Gehör zu verschaffen, er überragte auch so alle anderen. »Göttinnen und Götter der Olympia Akademie, uns steht ein Angriff der Unterwelt bevor, ein Angriff, den dieser kleine Gott zu verantworten hat.« Dabei zeigte er auf Zag, woraufhin der den Kopf einzog und sofort Buhrufe laut wurden.

»Aber er will es wiedergutmachen und uns dabei helfen, unsere Schule gegen den Gott der Unterwelt und die Titanen zu verteidigen!«

Sobald er die Titanen erwähnte, wurden einige der Umstehenden ganz blass.

»Aber was sollen wir schon ausrichten? Wir sind nur die kleinen Götter! Die großen Göttinnen und Olympioniken haben alle den Verstand verloren! Ohne sie sind wir machtlos«, rief jemand aus der Menge.

Zag erkannte, dass es Pan war, der Hirtengott, dessen untere Körperhälfte der eines Ziegenbocks glich.

Doch Herakles schüttelte den Kopf. »Das sind wir nicht, denn wir haben einen Plan! Oder besser gesagt«, Herakles trat zur Seite, »Zag hat einen Plan, wie wir die Titanen und seinen Vater abwehren können.«

Die Begeisterung hielt sich in Grenzen, als Zag nach vorn trat. »Zuerst möchte ich mich bei euch allen entschuldigen! Es tut mir leid, was passiert ist und dass ich nicht ehrlich zu meinen Freunden war. Ich denke, ich wollte so sehr ein Teil von euch, von der

233

Akademie und vom Olymp sein, dass mir jedes Mittel recht war. Aber ich bin nicht wie mein Vater. Und ich habe nicht vor, dabei zuzusehen, wie der Olymp zu einem genauso trostlosen Ort wie die Unterwelt wird!«

Jemand hustete verhalten, ansonsten blieb es still. Zag musste wohl immer noch an seinen Reden arbeiten. Aber gut, dann erläuterte er eben seinen Plan. Doch seine Mitschülerinnen und Mitgötter waren auch von dem wenig begeistert.

»Wie können wir dir jetzt noch vertrauen? Du hast den Olymp doch erst für deinen Vater geöffnet«, grollte Deimos, oder was es Phobos?

Doch Herakles legte einen Arm um Zag. »Der Knilch hier hat viele Fehler begangen, keine Frage, aber er ist ein kluges Köpfchen. Zag wird uns helfen, ich weiß es einfach.«

Das Gemurre ging in ein Murmeln über, und da niemand einen besseren Plan hatte, vertrauten sie ihrem großen Helden, Herakles. Morpheus nickte Zag zögerlich zu – vergeben hatte er ihm scheinbar noch nicht.

Also teile Zag alle in Gruppen ein. Jede Gruppe bekam eine Aufgabe. Jetzt mussten sie alle Chancen nutzen, die sich ihnen boten, und Zag schärfte ihnen ein, dass sie heute ihre Kräfte einsetzen sollten. Die Regeln der Olympia Akademie mussten gebrochen werden, um den Olymp zu retten.

Daphne und die Amazonen rannten nach oben zum Stadion und zu den Umkleiden. Ihre Aufgabe bestand darin, alle stinken-

den Sportsocken und ungewaschenen Leibchen zusammenzutragen, die sie finden konnten. Daphne verzog keine Miene, als sie mit ihrer Gruppe loseilte, aber ihre Augen schossen Pfeile in Zags Richtung.

Als Filly hörte, was Zag für sie vorgesehen hatte, begannen ihre Augen zu strahlen, obwohl sie ihm eigentlich auch noch nicht verziehen hatte. Sie würde heute ihr Meisterwerk abliefern. »Dürfen wir ihn nachher auch anmalen?«

»Filly, du hast freie Hand! Das wird die große Ablenkung, der wichtigste Teil meines, ich meine natürlich, *unseres* Plans – es muss einfach funktionieren.«

Und so machten sich Filly und ihre Leute auf den Weg in Richtung Werkräume.

Morpheus rannte mit Pan, Iris und Rhode in die Halle der Helden, dort würden sie alles einsammeln, was nicht niet- und nagelfest war und sich irgendwie als Mittel gegen die Titanen einsetzen ließ.

Zurück blieben Herakles, Zag, Deimos und Phobos.

»So, Leute, ihr wisst, was auf dem Spiel steht! Macht euren Wagen bereit! Heute fahrt ihr das Rennen eures Lebens!«

Deimos und Phobos nickten grimmig und liefen in Richtung der Ställe. Sie würden ihren Wagen startklar machen und die Tiere anschirren.

»Hoffentlich geht der Plan auf ...«, flüsterte Zag Herakles zu.

»Natürlich wird er das. Ich glaube an dich«, gab Herakles zu-

rück und stieß ihn so fest mit dem Ellbogen in die Seite, dass Zag kurz die Luft wegblieb. Aber irgendwie musste er auch lächeln.

Da räusperte sich plötzlich jemand hinter ihnen.

»Ist die Party schon vorbei, oder wie?«

Zag fuhr herum, hinter ihm standen seine Schwestern – die Furien!

Alexa, Meg und Tessa hatten die Arme vor der Brust verschränkt.

Herakles wollte sich schützend vor seinen Freund stellen, doch Zag hielt ihn zurück.

»Was tut ihr hier? Wollt ihr etwa in der ersten Reihe stehen, wenn unser Vater den Olymp übernimmt?« Zag gab sich mutiger, als er sich fühlte. Aber mit Herakles an seiner Seite brauchte er sich nicht zu fürchten, auch nicht vor seinen Schwestern.

Die gemeine Antwort blieb aus. »Also ehrlich gesagt haben wir drei auch die Nase voll!«, gab Alexa zu.

»Wir haben immer das getan, was Vater von uns wollte. Ein paar Seelen geärgert, Athene wahnsinnig gemacht, ein Auge auf dich gehalten, Furcht und Schrecken verbreitet – alles schön und gut. Aber den Olymp übernehmen? Das geht überhaupt nicht klar«, meinte Meg.

»Außerdem hat es auch Mum erwischt! Und Vater hat Flederico benutzt!«, fügte Tessa hinzu und sah richtig zerknirscht aus.

Zag traute seinen Ohren nicht. Sagten seine Schwestern etwa

gerade, dass sie sich auf *seine* Seite stellen wollten? Gegen ihren Vater?

»Außerdem können wir Pseudea nicht leiden, die will doch nur das Beste für sich an einer neuen Hades Akademie herausholen«, zischte Meg.

»Also wollt ihr helfen, den Olymp zu verteidigen?«, fragte Zag sicherheitshalber noch einmal nach.

»Viel besser. Wir werden dir helfen, die Götter und vor allem Mum wieder zur Vernunft zu bringen«, fing Alexa an.

»Und wie wollt ihr das anstellen?«, wollte Herakles wissen.

Alexa warf ihm nur einen abschätzigen Blick zu, der die meisten Götter in die Flucht geschlagen hätte. »Ganz einfach, indem wir in die Unterwelt zurückkehren und das Gegengift für das Wasser der Lethe besorgen: das Wasser der Mnemosyne.«

»Der Memo-was?«

Zag schlug sich vor die Stirn. »Natürlich, durch das Wasser der Lethe verliert jeder, der es trinkt, seine Erinnerungen. Durch das Wasser der Memo… Menno… egal – des Zwillingsflusses der Lethe erhält man seine Erinnerung zurück«, kombinierte er.

»Korrekt, Brüderchen. Wir werden es besorgen, und dann machen die anderen Götter und Göttinnen Daddy die Hölle heiß – vor allem Mum …« Die Schwestern grinsten fies, und aus ihren Rücken wuchsen ledrige, fledermausartige Schwingen. Es sah wirklich zum Fürchten aus. Kurz darauf erhoben sie sich in die Lüfte.

»Verschafft uns etwas Zeit! Die Titanen werden bald eintreffen!«, rief Alexa noch.

Und weg waren sie.

Die nächsten Stunden vergingen wie im Flug, und reges Treiben
herrschte auf der Olympia Akademie. Morpheus und seine Bande
hatten göttliche Artefakte aus der Halle der Helden auf einem
Haufen im Innenhof der Schule zusammengetragen.

»Nur das feinste Zeug: das Netz des Poseidon, der Hammer
des Hephaistos, Argos' Schwert, die Liebespfeile des Eros, einen
blitzenden Schild von keine Ahnung wem und weitere mythische
Spielereien«, erklärte Pan und spuckte auf den Boden. Vielleicht
sollte das Glück bringen. Und davon konnten sie alles gebrauchen, was sie kriegen konnten. Außerdem hatten Morpheus und
sein Team die durchgedrehten Göttinnen und Götter zusammen-
getrieben, in der Mensa eingesperrt und mithilfe von Morpheus'
Kräften ins Reich der Träume befördert.

»Um die müssen wir uns erst mal keine Sorgen mehr machen.
Die schlafen tief und fest, bis deine Schwestern auftauchen. Oder
falls sie überhaupt auftauchen …«, fügte Morpheus unnötigerweise hinzu.

Dabei hatten sie den großen Göttinnen und Göttern auch
ein paar Gegenstände abgeknöpft, die sich noch als praktisch

erweisen könnten. Zag hatte die geflügelten Schuhe von Hermes entdeckt, die götterlos durch die Lüfte geflattert waren, und sie kurzerhand Morpheus gereicht.

»Hier. Ich denke, du solltest sie tragen.«

Sie passten perfekt und sahen superstylish aus. Morpheus flog mit ihnen immer wieder in die Höhe, um den Innenhof zu überblicken und zu schauen, ob alles nach Plan verlief.

Filly und ihr Team waren mittlerweile dazu übergegangen, riesige Holzkonstruktionen aus dem Werkraum in den Innenhof zu tragen und dort zusammenzusetzen.

»Und, und, und?! Erkennst du es?!«, fragte Filly und zupfte an Zags Tunika. Mit etwas Fantasie sah es aus, als hätten sie einen hölzernen Zyklopen gebaut.

»Äh, ja klar, eindeutig ein trojanisches Pferd.«

Filly warf die Hände in die Luft. »Das ist doch kein trojanisches Pferd. Das ist ein olympischer Pfau, glasklar! Natürlich, Leute, wir brauchen noch mehr Farbe! Ich habe deinen Plan etwas modifiziert. Sei gespannt …«

Zag lief ein Schauer über den Rücken. Was sie sich wohl ausgedacht hatte? Wie er feststellte, waren auch die Amazonen und Daphne zurück. Sie sahen allesamt etwas käsig im Gesicht aus und schleppten dreckige Säcke voller Schmutzwäsche hinter sich her.

»Perfekt, die müsst ihr jetzt nur noch in kleine handliche Wurfgeschosse verpacken.«

»Irgendwann ist deine Zeit abgelaufen«, schnaubte Daphne nur und hielt sich im nächsten Moment wieder die Nase zu.

Ebenfalls im Gepäck hatten die Amazonen noch einen ungebetenen Gast: Pseudea, die zwischen zwei Kriegerinnen hin und her zappelte.

»Sie hat sich in den Sportumkleiden versteckt. Was sollen wir mit der Verräterin anstellen?«, fragte eine der Amazonen.

»Ihr seid ein jämmerlicher Haufen kleiner Götter und habt Hades nichts entgegenzusetzen! Wartet's nur ab! Schon bald ist das hier nicht mehr die Olympia Akademie, sondern die Hades Akademie!«

Zag zuckte nur mit den Schultern. »Das werden wir ja sehen! Werft sie in den Pfauenkäfig, der müsste mittlerweile leer sein.«

Die Kriegerinnen steckten Pseudea eine olle Socke in den Mund und zogen dann mit ihr ab.

Herakles hatte mittlerweile das Haupteingangstor vorbereitet. Es stand sperrangelweit und einladend offen. Das würde ein Fest geben.

»Wir sind so weit, denk ich«, verkündete Zag. »Deimos und Phobos haben ihre Stellung bezogen. Das trojanische ... äh ... der olympische Pfau ist fertig.«

Herakles nickte und pfiff wieder durch seine Finger. Alle ließen von ihrer Arbeit ab und scharrten sich um sie.

»So, Leute, jetzt nur noch die letzten Handgriffe, dann gehen alle auf Position. Ihr wisst, was zu tun ist!«

Aus der Trümmertruppe der kleinen Götter war eine Einheit gewachsen, eine Spezialeinheit. Bald musste sie zeigen, was sie draufhatte.

Doch jetzt hieß es erst mal warten. Und so breitete sie sich aus – die Ruhe vor dem Sturm.

DER SCHRECKEN
DER UNTERWELT

Zuerst begann der gesamte Olymp zu beben. Dann hörten sie stampfende Schritte und ein unheilvolles Grollen. Ein Pfiff – das war das Zeichen von Morpheus, der weit oben über der Akademie schwebte.

Die Titanen waren gekommen.

Und noch immer waren Zags Schwestern nicht zurückgekehrt. Hatten sie ihn an der Nase herumgeführt? Ihn verraten? Er schüttelte sich und wischte seine Haare aus der Stirn. Zag musste sich auf sich selbst konzentrieren, auf die Aufgabe, die vor ihm lag.

Da scholl der Klang eines Horns über die Mauern der Akademie. Es war nicht das Horn des Hermes, das Zag aus der Unterwelt kannte, wenn neue Seelen eintrafen. Es war das dunkle Horn seines Vaters höchstpersönlich. Er war hier. Zag lief zum goldenen Tor der Akademie. Von dort aus konnte er die Treppen hinunter bis auf den Anleger und den Landeplatz schauen. Nicht die Titanen

tauchten als Erstes auf. Nein, es war ein unscheinbares Boot aus Holz, das über die Wolkenwellen näher kam und an dessen Bug eine Laterne hing. Zag erkannte es sofort, es war Charons Boot.

Er lenkte es mit seinem goldenen Paddel durch die Lüfte. Und in seinem Boot saß niemand anderes als der Herrscher der Unterwelt: Hades.

Selbst auf die Entfernung konnte Zag erkennen, dass Hades überhaupt nicht glücklich darüber war, per Anhalter mitgenommen zu werden. Schließlich hatte Zag noch nicht die Zeit gefunden, seinem Vater den goldenen Wagen zurückzubringen. Um Hades herum stieg ein unheilverkündender pechschwarzer Nebel auf, der sich über die Seiten des Bootes kräuselte. In seiner Hand blitzte der Zweizack, mit dem auch schon Zag Bekanntschaft im Körper einer Maus gemacht hatte.

»Hierhin, hiiiiierhin, habe ich gesagt. Schön dem Boot folgen, nicht der Bergziege. Hey, du da, Titan, nicht den Berg runter, hoch habe ich gesagt.« Offenbar hatte Hades alle Hände voll damit zu tun, die Titanen unter Kontrolle zu halten und sie zum Olymp zu lotsen. Und dann erblickte Zag sie: Es waren Riesen! Ihre Beine hatten Durchmesser von jahrhundertealten Eichenstämmen, und sie mussten mindestens so stark wie Herakles sein. Die Titanen sahen nicht wirklich wie Menschen aus, sondern eher wie Kolosse. Irgendwie erinnerten sie Zag an Trolle, aber wesentlich größer und Furcht einflößender. Er hatte das

Gefühl, sich gleich in die Blumenshorts pinkeln zu müssen. Eilig verließ er seinen Posten am goldenen Tor und rannte zurück in den Innenhof. Vor dem olympischen Pfau blieb er stehen und hob das Ende eines dünnen Seils auf, das auf dem Boden lag.

Es war still im Innenhof, niemand war zu sehen. Die anderen hatten sich ausgezeichnet versteckt. Zag gab das Zeichen, alle mussten sich bereithalten. Dann drang auch schon schwarzer Nebel durch das Tor in den Innenhof. Er schwappte wie eine Woge herein und prallte an den Wänden ab. Das Dröhnen der Titanenschritte wurde lauter und brachte die Wände zum Wackeln. Kurz darauf betrat Hades die Akademie, ein teuflisch zufriedenes Grinsen erschien auf seinem Gesicht, als er sich in dem verwaisten Innenhof umsah und schließlich Zag erblickte. Er breitete die Arme aus.

»Zagreus, mein Junge! Du hast es geschafft! Du hast alle Aufgaben von der Schriftrolle erfüllt und mir den Weg zum Olymp geebnet. Ich war noch nie so stolz auf dich!«

Seine Worte versetzten Zag einen Stich. Sein Vater war noch nie auf ihn stolz gewesen. Nicht als er das Seepferdchen im Schatten-Synchronschwimmen gemacht hatte, nicht als er ihm einen Blumenkranz als Krone gebastelt hatte, und schon gar nicht, als er ganz allein einen Überzug für den Knochenthron gehäkelt hatte.

Doch Zag dachte an seine Freunde und fasste sich ein Herz.

»Oh ja, das habe ich alles ganz allein gemeistert. Und sieh

nur: Zu deinen Ehren habe ich dir diese Statue errichtet, als Willkommensgeschenk.« Zag deutete auf die Holzkonstruktion hinter sich. Währenddessen hatte auch der letzte Titan unter bebenden Schritten den Innenhof betreten. Es waren zwölf an der Zahl.

»Und was soll das sein?«, fragte Hades und zog eine Augenbraue hoch.

»Ein Pfau, ein olympischer Pfau«, entgegnete Zag. »Bevor ich dir dieses Geschenk übergebe, möchte ich dich allerdings noch vor die Wahl stellen.« Er holte tief Luft. »Der Olymp gehört dir nicht, und meine Freunde und ich werden nicht zulassen, dass du ihn mit deinen Titanen eroberst. Also kehr um, und es wird niemandem etwas geschehen.«

Hades musterte Zag von oben bis unten, dann brach er in Gelächter aus. Als er merkte, dass sein Sohn nicht mitlachte, wurde er schlagartig wieder ernst. »Was soll das bedeuten? Wissen deine sogenannten Freunde denn nicht, dass du sie die ganze Zeit sabotiert und für mich die Tore zum Olymp geöffnet hast?«

»Aber das habe ich doch nicht mit Absicht gemacht!«

Hades verschränkte die Arme vor der Brust und schüttelte den Kopf. »Aber das interessiert sie nicht, Zagreus – die sind nicht wie wir. Die schauen doch nur auf uns Götter aus der Unterwelt herab. Die wollen nicht mit dir befreundet sein, die haben nur einen Weg gesucht, um dich auszunutzen.«

Auch wenn Hades' Worte wehtaten und Zag kurz zögerte, wusste er doch, dass sein Vater unrecht hatte.

247

»So machen das die Götter vom Olymp. So ist es schon immer gewesen. Während Zeus hier in Saus und Braus lebt und Poseidon mit seinem Dreizack in den Meeren plantscht, schufte ich in der Unterwelt und muss mir alles gefallen lassen. Geh zur Seite, Junge. Dein Vater übernimmt ab hier.«

Doch Zag wich keinen Zentimeter zurück. »Nein.«

»Was meinst du mit *Nein?*«, fragte Hades verblüfft.

»Tut mir leid, dass du und deine Brüder sich nicht so gut verstehen. Mit meinen Schwestern ist es auch alles andere als leicht. Aber vielleicht solltet ihr einfach mal miteinander reden und das Ganze friedlich klären. Es gibt bestimmt eine Lösung. Ich glaube, dass es dir im Grunde genauso geht wie mir, du wolltest doch nur ein bisschen Anerkennung für das, was du tust und wer du bist. Genauso wollte ich dich immer schon stolz machen, aber du hast mir nur das Gefühl gegeben, eine einzige Enttäuschung zu sein.«

Zag pustete eine Haarsträhne aus der Stirn. »Ich muss dich nicht stolz machen, weil ich selbst weiß, wer ich bin und was ich kann. Dank meiner Freunde. Und ich weiß auch, wo ich hingehöre: hier auf den Olymp.« Und damit warf er seinem Vater die magische Schriftrolle vor die Füße.

Hades blickte seinen Sohn ungläubig an. Zag war sich sicher, mit dieser mitreißenden Rede hatte er das Herz seines Vaters endlich erweicht. Das musste er Niko erzählen, offenbar war er doch ein großartiger Redner. Aber Hades packte sich nur an den Kopf. »Du hast eindeutig zu viel von deiner Mutter, das war schon im-

mer so. Wir reden über deinen Hausarrest und das Sommercamp im Tartaros, wenn die Sache hier vorbei ist.«

»Alles klar, du hast es nicht anders gewollt.« So, wie Herakles es ihm beigebracht hatte, formte er Zeigefinger und Daumen zu einem Kreis, steckte sie sich in den Mund und blies darüber. Das war das Zeichen, und mit einem Rumms schlossen sich die goldenen Tore der Akademie und wurden von außen verbarrikadiert. Die Titanen waren eingesperrt.

»Was soll das werden?«, wollte Hades wissen und fuhr herum.

»Du wolltest doch ein Willkommensgeschenk – hier ist es!« Damit zog Zag an dem Seil, das er in der Hand hielt, woraufhin der Schnabel des Holzpfaus nach unten krachte und einen Blick in das Innere freigab. Von dort stürmten nun sechs durchgedrehte Pfauen ins Freie und schrien wild durcheinander. Wer in ihre wahnsinnigen Augen blickte, wusste, sie waren auf Rache aus!

Gerade noch rechtzeitig konnte sich Zag in Sicherheit bringen, da rasten sie wie wild auf Hades und seine Titanen zu.

»Guck mal, ein Vugel!«, sagte noch einer von ihnen. »Oh nein, böser Vugel!« Die Pfaue begannen, die Titanen zu jagen und trieben sie auseinander.

Gleichzeitig erhoben sich auf den Dächern des Säulengangs Daphne und ihre Amazonen.

»Feuer!«, rief sie, und schon schossen aufs Übelste stinkende Sportsocken durch die Gegend und trafen die riesenhaften Titanen. Die Leibchen hatten sie zu Schlingen zusammengeknotet,

die sich um die Beine der Titanen schlangen. Einer von ihnen geriet sogar ins Wanken und stürzte, dass es nur so knallte. Daphne selbst schoss mit ihrem Bogen Liebespfeile des Gottes Eros auf die Titanen, woraufhin einer von ihnen sich scheinbar Hals über Kopf in einen jähzornigen Pfau verguckte und versuchte, ihn auf den Arm zu nehmen (was eine wirklich schlechte Idee war).

Hinter den Säulengängen traten nun Filly mit Hephaistos' Hammer, Herakles, das schützende Löwenfell über der Schulter, Pan und Kratos und all die anderen Göttinnen und Götter hervor. Mit Gebrüll stürzten sie sich auf die völlig überrumpelten Titanen, die nur wütend und überrascht quiekten. Filly holte aus und haute einem Titanen mit dem Hammer auf den Zeh (»Tut mir leid, ich hoffe, es hat nicht wehgetan!«), woraufhin der aufheulte und im nächsten Moment von Herakles zu Fall gebracht wurde. Anschließend schossen Deimos und Phobos mit dem Wagen ihres Vaters über den Himmel, der von den geflügelten Pferden gezogen wurde. Sie warfen das Fangnetz des Poseidon ab, das genau auf dem Titanen landete und ihn am Boden festpinnte.

Zag sah sich nach seinem Vater um. Doch Hades musste im allgemeinen Getümmel, den Federn der Pfauen und dem schwarzen Nebel verschwunden sein.

Zag hatte so konzentriert auf das Kampfgeschehen geachtet und nach Hades Ausschau gehalten, dass er gar nicht gemerkt hatte, dass sich ihm ein Titan von der Seite näherte und ihn ergreifen wollte.

»Festhalten, Grufti!«, brüllte plötzlich jemand.

Und bevor der Titan zupacken konnte, rasten Deimos und Phobos haarscharf an seiner gigantischen Hand vorbei, die größer war als Zag selbst, packten ihn an den Schultern und rissen Zag mit. Dass er sich dabei nichts auskugelte, grenzte an ein Wunder. Die Zwillinge setzten Zag auf dem Amphitheater ab und düsten danach weiter. Andere Götter brauchten ihre Hilfe.

»Danke für die Mitfahrgelegenheit!«, rief er ihnen noch nach, aber sie waren schon wieder zu einem Titan geflogen und umkreisten ihn, bis ihm ganz schwindelig wurde.

Da vernahm Zag lauten Flügelschlag. Oh nein, waren etwa die Harpyien gekommen, um ihren Meister zu unterstütztn? Dann wären Zag und seine Mitstreitenden geliefert!

Doch als er nach oben blickte, entdeckte er dort nur die Umrisse von drei sehr großen und einer kleinen Fledermaus – seine Schwestern! Sie hatten ihr Wort gehalten und das Wasser der Mennosüne – oder wie auch immer dieser doofe Fluss hieß – besorgt.

»Sie sind in der Kantine!«, rief er ihnen noch zu.

Alexa nickte, und im Sturzflug schossen sie an ihm vorbei in Richtung des Speisesaals.

Okay, jetzt muss ich ihnen nur noch etwas Zeit verschaffen, aber wie?, fragte sich Zag. Da tauchte Morpheus mit den geflügelten Schuhen neben ihm auf.

»Zag, unsere Sockenmunition ist verbraucht, die Pfauen haben

251

sich aus dem Staub gemacht, und das Überraschungsmoment ist nicht mehr auf unserer Seite.«

Tatsächlich, der große Titan hatte sich von dem Fangnetz befreit und rang mit Herakles wie ein Wrestler. Ein anderer hatte die Pinienbäume im Hof ausgerupft und warf damit nach dem fliegenden Wagen von Deimos und Phobos. Einer davon schoss plötzlich auf Morpheus und Zag zu, woraufhin sie in verschiedene Richtungen in Sicherheit sprangen.

Ein Titan lief auf Morpheus zu, und bevor der davonfliegen konnte, hatte er ihn auch schon mit den Fingern am Kragen gepackt und hochgezogen. Zag wollte zu ihm laufen und ihn retten, da teilte sich die Nebelwand vor dem Theater, und Hades stand plötzlich neben dem Titan.

»Es ist vorbei, Zagreus.«

ALLES ODER NICHTS

War es wirklich vorbei? Für Zag lief alles wie in Zeitlupe ab. Der Nebel lichtete sich, und Zag musste erkennen, dass sich ihr Schicksal zum Schlechten gewandt hatte. Der Club der kleinen Götter war eingekesselt von den Titanen, Herakles hatte kaum noch Kraft, und Daphne stützte Filly, keine Spur mehr von dem Hammer. Auch die Amazonen hatten ihre Schilde und Speere zur Seite gelegt und sich ergeben. Der Wagen von Deimos und Phobos musste eine Notlandung hinlegen, weil er beschädigt war. Und Morpheus zappelte hilflos im Griff eines Titanen.

Sein Vater hatte recht: Es war also vorbei.

Doch Zag hatte die Nase voll davon, an allem schuld zu sein. Dann musste er es eben wieder ausbügeln!

Er wurde ganz ruhig und atmete aus. Ein Kribbeln ergriff seinen gesamten Körper, es breitete sich von seinem Brustkorb aus bis in die Zehenspitzen und lief über seine Kopfhaut wie Tausende kleine

Ameisen. Seine Nase juckte, und ein gleißender Blitz zerriss die Luft. Dann breitete Zag seine Arme aus, die plötzlich über und über mit Federn bedeckt waren. Mit rot und golden schimmernden Federn, die so aussahen, als stünden sie in Flammen. Zag stieß sich mit einem gewaltigen Sprung vom Boden ab und schwebte in der Luft, während Hades unter ihm verdutzt nach oben glotzte.

Er hatte es geschafft, Zag hatte sich in etwas verwandelt, womit sein Vater niemals gerechnet hatte: Er war ein Phönix! Vor Freude stieß er ein triumphierendes Gackern aus. Ein Gackern? Schon wieder?

Egal. »Kikerikiii!«, rief er aus voller Kehle und stürzte unheilvoll auf seinen Vater nieder, dessen Kinnlade bis zum Boden hing. Zag streckte seine krallenbewehrten Greifer aus und riss dem Gott der Unterwelt den Zweizack aus der Hand. Hades war so überrascht, dass er keine Gegenwehr leistete.

Mit aller Kraft schleuderte Zag den Zweizack zur Seite. Und als hätten sie es schon Hunderte Male so geübt, biss Morpheus dem Titan in die Finger, riss sich los und fing den Zweizack in der Luft.

»Das hättest du nicht tun soll!«, rief Hades ihm wutentbrannt zu und erwachte aus seiner Starre. »Du hast so was von Hausarrest bis an dein Lebensende!«

»Aber, aber, wo sind denn deine Manieren, Brüderchen?«, dröhnte plötzlich eine Stimme über den Innenhof.

Oh-oh, das würde übel für Hades enden. Göttervater Zeus hatte sich vom Trank der Lethe erholt, wie auch alle anderen Göttinnen und Götter, und marschierte geradewegs auf sie zu. Hades blickte nur ungläubig von Zeus zu seinem Sohn und dann zu Morpheus, der sicherheitshalber den Zweizack auf ihn gerichtet hatte.

Während die anderen Götter den Titanen magische Handschellen anlegten, packte Zeus seinen Bruder an den Schultern und hob ihn so weit hoch, bis er direkt auf Augenhöhe vor ihm baumelte.

Zag hatte immer gedacht, dass sein Vater ein Riese sei, aber gegen Zeus sah selbst er klein aus. »Brüderchen, ich wusste doch nicht, wie sehr ich dir auf die Tunika getreten bin! Du hättest mit mir reden können!«

»Aber du hast mir nie zugehört! Du bist viel zu sehr mit dem

255

Leben hier oben beschäftigt und hast deinen Bruder längst vergessen. Ich bin doch nur noch für die Drecksarbeit gut, die sonst keiner machen will!«

Zeus runzelte die Stirn und setzte Hades wieder ab. »Das stimmt, es tut mir leid, ich habe dich und deine Arbeit für selbstverständlich genommen. Das soll nicht mehr vorkommen.« Zeus kratzte sich im Nacken, und auch Hades blickte verlegen zu Boden. »Wie wäre es, wenn du ab jetzt jedes Jahr zwei Wochen Urlaub nimmst und uns hier oben besuchen kommst – sei mein Gast.«

»Vier Wochen«, schmollte Hades.

»Drei. Und zur Strafe bekommst du erst einmal ein Jahr Hausarrest.«

»Na schön …«

Zeus schien Hades' Versuch, den Olymp zu erobern, irgendwie vergessen zu haben. Zumindest fast.

»So leicht kommst du mir nicht davon!« Wie eine Furie kam Zags Mutter Persephone angeschossen. Ihre Haare waren zerzaust und voller Blätter. »Geht es dir gut, mein Liebling?«, fragte sie Zag, der sich schnurstracks zurückverwandelte. Peinlich berührt spuckte er eine Feder aus, als seine Mutter ihre Hände auf seine Wangen legte und ihm sorgenvoll übers Haar strich.

»Ja klar, alles in Ordnung«, gab er schnell zurück und beeilte sich, überzeugend zu nicken.

»Persephone, Liebling, meine Augenweide«, versuchte es Ha-

des noch kläglich. Aber seine Frau kannte kein Erbarmen, als sie sich von ihrem Sohn zu Hades wandte.

»*Du!*«, sagte sie nur. Und ohne dass sie auch nur mit der Wimper zuckte, schossen krachend Dornenranken aus dem Boden rund um Hades' Füße und versperrten ihm den Fluchtweg. »Wir beide haben noch ein Hühnchen zu rupfen! Wie kannst du es wagen, deinen Sohn dazu zu benutzen, seine eigene Mutter unschädlich zu machen?«

Hades hob schützend die Hände. »Ich hätte dir natürlich sofort den Trank der Mnemosyne gegeben, sobald ich den Olymp erobert hätte«, murmelte er kleinlaut.

Doch Persephone hatte die Nase offenbar ebenfalls gestrichen voll. »Das reicht. Ich werde die Geschäfte vorerst übernehmen. Du hast schon genug angerichtet, die Unterwelt kann etwas frischen Wind gut vertragen!«

»Aber …«, versuchte es Hades, und auch Zeus und alle anderen Umstehenden blickten ganz schön betreten drein.

»Kein Aber! Du kommst jetzt sofort mit nach Hause. Ab heute ziehe ich andere Saiten auf. Du kannst dir schon mal überlegen, wie du dich bei deinem Sohn entschuldigen wirst!«

Zag hätte es überhaupt nicht gewundert, wenn seine Mutter Hades am Ohr zurück in die Unterwelt geschleift hätte, aber das war gar nicht nötig. Die Dornenranken schubsten Hades einfach Richtung Charons Boot, auf dem der Fährmann scheinbar die gesamte Zeit über gelassen gewartet hatte. Grinste der etwa?

»Abmarsch, Leute«, herrschte Persephone die Titanen an, die sofort die Köpfe einzogen und sich an den Abstieg vom Olymp machten.

»Wow, was für ein Tag!« Herakles kam angelaufen und grinste über beide Ohren. »Nicht schlecht für einen kleinen Gott!«

»Und nun zu dir, Herakles«, unterbrach Zeus sie. »Es war nicht richtig, dass ich gedacht habe, dass du bei den Olympischen Spielen versagt hast. Und selbst wenn, hätte ich zu dir stehen müssen. Kannst du deinem alten und offenbar im Unrecht liegenden Vater vergeben?«

Herakles zog eine Augenbraue in die Höhe, als müsse er erst darüber nachdenken. »Na klar!« Und damit schlug er seinem Vater so fest auf die Schulter, dass selbst der aus den Latschen kippte.

»Zag, kommst du?«, rief seine Mutter von Charons Boot aus.

»Moment, mit dem Jungen bin ich noch nicht fertig«, schaltete sich Zeus ein. »Du hast nicht nur die Akademie, sondern den gesamten Olymp in Gefahr gebracht. Zur Strafe –«

Doch bevor er die Strafe aussprechen konnte, sprangen drei Gestalten zwischen Zag und den Göttervater: Filly, Daphne und Morpheus.

»Wenn ich Euch an der Stelle unterbrechen darf, mächtiger Zeus …«, fing Morpheus an.

»Darfst du nicht.«

»… möchte ich darauf hinweisen, dass Zag den Olymp zwar

in Gefahr gebracht, aber auch gerettet hat«, machte Morpheus ungerührt weiter.

»Er hat sich gegen seinen eigenen Vater gestellt«, sagte Filly.

»Und wahre Größe bewiesen«, fügte Daphne hinzu.

»Außerdem ist er ein ganz passabler Schüler, vor allem wenn er seine Energie in sinnvollere Dinge stecken würde, als die Tore der Akademie für seinen Vater zu öffnen«, stellte Schuldirektorin Athene fest, die plötzlich neben Zeus aufgetaucht war. 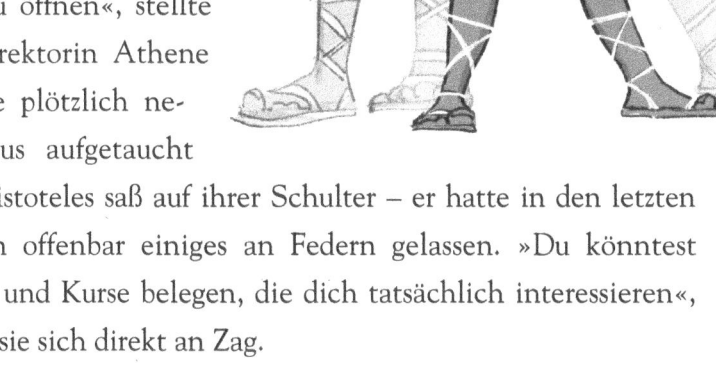 Aristoteles saß auf ihrer Schulter – er hatte in den letzten Stunden offenbar einiges an Federn gelassen. »Du könntest bleiben und Kurse belegen, die dich tatsächlich interessieren«, wandte sie sich direkt an Zag.

»Das kommt gar nicht infrage! Der Junge hat sich zu viel ge-

leistet, er muss wie sein Vater zurück in die Unterwelt. Er kann nicht auf dem Olymp bleiben.«

Zag fühlte sich geehrt, dass er so tolle Freundinnen und Freunde hatte, die für ihn einstanden und Zeus mit allen Mitteln davon überzeugen wollten, ihn bleiben zu lassen. Aber Zag hob schon beschwichtigend die Hände. »Das ist wirklich viel zu großzügig, nach allem, was passiert ist. Aber Göttervater Zeus hat recht. Ich gehöre in die Unterwelt, dort ist mein Zuhause. Ich hab immer nur versucht abzuhauen, weil es leichter war, als dort wirklich etwas zu ändern. Ich denke, da unten kann ich zusammen mit meiner Mutter und meinen Schwestern einiges bewirken.«

Er drückte seine Freunde, jeden einzeln. Filly zerquetschte ihn fast, und Daphne ließ es ganze fünf Millisekunden geschehen, bevor sie ihn wieder sanft, aber bestimmt von sich schob.

»Solche Freunde wie euch hab ich gar nicht verdient«, meinte Zag, und irgendwie war ihm wohl wieder etwas ins Auge geflogen. Er wischte sich eilig mit dem Handrücken darüber.

»Wir sind doch der Club der kleinen Götter. Wir halten zusammen, komme, was wolle«, sagte Morpheus und schenkte ihm sein breitestes und gleichzeitig traurigstes Lächeln.

»Kommst du, Zaggilein?«, riefen seine Schwestern, die sich schon zu ihren Eltern ins Boot gesellt hatten und ihm zuwinkten.

Damit lief Zag zu Charons Boot und nahm neben seiner Mum Platz, die ihm durch die Haare wuschelte. Er ließ es geschehen und lehnte sich an sie. Ein letztes Mal winkte Zag seinen Freun-

den zu, dann legte Charon ab, und langsam verschwanden sie in den Wolken.

»Ich weiß nicht, wie es dem Rest geht, aber ich könnte jetzt erst mal einen ganze Haufen Heu vertragen!«, hörte Zag Zeus sagen und konnte sich trotz allem ein Lächeln nicht verkneifen.

EIN FRISCHER WIND

Der Hintern des dreiköpfigen Hundes steckte fest. Schon wieder.

»Das kann doch nicht dein Ernst sein, Kerby, langsam kaufe ich dir das nicht mehr ab. Los, Bauch einziehen!« Und damit warf sich Zagreus, der Prinz der Unterwelt – seine Freunde nannten ihn Zag –, mit aller Kraft gegen den Po des Hundes. Der flutschte frei und gab ein leises Bellen von sich.

»Müssen wir uns wirklich hier durchschleichen? Ich halte das für keine gute Idee!«, gab Niko, sein Lehrer, wie immer zu bedenken und schwebte neben den beiden her.

»Wir sind auf geheimer Mission! Seit wann latscht man da über die Hauptflure, um Gefahr zu laufen, entdeckt zu werden?«, gab Zag zurück. Sie hatten das Thema schon eine Trillion Mal durchgekaut.

»Na schön, aber ich denke, eure Mutter hätte gar nichts dagegen, schließlich –«

»Psst, da kommt jemand!«, zischte Zag und warf sich mit Kerby in den Schatten einer Säule. Sie hatten eigentlich das Tunnelsystem gewählt, um keiner Menschenseele, keiner Gorgo, Harpyie, Furie oder gar seiner Mutter zu begegnen. Doch daraus wurde nichts.

»Zag? Kerby? Niko? Was treibt ihr hier unten? Los, raus da.«

Mist. Erwischt.

»Sorry, Mum, eine alte Gewohnheit, du kennst mich und meine Pläne ...«

Es war tatsächlich nicht mehr nötig, sich im Palast von A nach B zu schleichen, denn seit der Aktion auf dem Olymp hatte sich hier einiges geändert.

Die Schatten lebten nun einen wesentlich entspannteren Tod, wenn man das so sagen konnte. Denn ob man den Trank des Vergessens bei seiner Ankunft trinken wollte, konnte nun jeder selbst entscheiden. Die Insel Elysion war nicht mehr einem ausgewählten Club von Heldinnen und Helden vorbehalten, jede Seele war dort willkommen. Es gab Bingo-Abende, geführte Ausflüge von Niko und Kerby zum Hadespalast, Tartaros und natürlich zum Asphodeliengrund, und Besuchertage, an denen Menschen am Styx ihren verstorbenen Verwandten zum Geburtstag gratulieren konnten.

Charon hatte mehr Arbeit denn je und schipperte ohne Unterlass Schatten hin und her über den Fluss. Und auch Zag gefiel sein neuer Job ganz gut: Er half seiner Mum dabei, den

Hadespalast und die Unterwelt insgesamt etwas wohnlicher zu machen. Deswegen hingen hier unten in den Tunneln schon lange keine Spinnenweben mehr rum. Zags Schwestern wischten ab und zu immerhin Staub, wenn sie nicht gerade eine Party auf Elysion feierten. Dort waren sie mittlerweile gern gesehene Gäste.

Auch die Knochen und Totenschädel waren verbannt worden. Stattdessen standen an jeder Ecke Topfpflanzen, geblümte Vorhänge hingen vor den Fenstern, und Bilder und Teppiche werteten den Palast eindeutig auf.

Aber es war noch ein weiter Weg zu rundum gemütlich. Den schwarzen Thron hatte Mum in Hades' Arbeitszimmer verbannt, wo er Hausarrest hatte, wenn er nicht gerade beim Hausputz helfen oder die kahlen Steinwände des Palasts in einem schicken Mintgrün streichen musste.

Ein frischer Wind war durch die Unterwelt gefegt, was gar nicht leicht war, wenn man die Schwefeldämpfe bedachte, die hier unten überall austraten …

Was wohl aus Pseudea geworden war? Angeblich musste sie fürs restliche Jahr nachsitzen und ihre Pläne, Schulsprecherin zu werden, wohl vorerst auf Eis legen.

»Deine Freunde warten schon«, riss ihn Persephone aus den Gedanken. »Niko, Kerby, gebt Acht, dass sie keinen Unsinn machen – ich will nachher keine Beschwerden vom Olymp hören. Aphrodite ist immer so streng mit ihren Jungs.«

Niko verbeugte sich so tief, wie es nur ging. »Mit Vergnügen, Herrin.«

»Sie warten im Thronsaal auf euch – viel Spaß und stellt nichts an«, fügte sie hinzu, als die drei bereits losliefen.

Kurze Zeit später stieß Zag das schwere Portal auf, das ebenfalls umgestaltet worden war und jetzt geschnitzte Lilien zeigte. Und tatsächlich – alle waren gekommen!

»Alles Gute zum Geburtstag!«, rief Morpheus und blies mit aller Kraft in ein Horn, das wie eine Tröte klang.

Die anderen johlten und klatschten ebenfalls. Daphne, Filly, Herakles, Deimos, Phobos und andere Göttinnen und Götter waren gekommen. Sogar seine Schwestern drückten sich in einer Ecke rum und ließen sich bereits die Feuerskorpionspieße schmecken. Offenbar hatten sie sogar ein Geschenk dabei. Vielleicht endlich die Knockenkrocketschläger, die er sich schon seit Jahren wünschte?

»Herzlich willkommen in der Unterwelt«, gab Zag zurück und grinste übers ganze Gesicht.

»Total abgefahren mit den ganzen Schatten«, fand Deimos.

»Supergruselig«, fügte Phobos hinzu.

»Und vor allem richtig cool!«, meinte Herakles.

Zag winkte ab. »Ihr hättet den Laden mal sehen sollen, bevor meine Mum ihn umgekrempelt hat. Ich kann euch die alte Folterkammer zeigen, die muss noch renoviert werden«, flunkerte Zag. Es gab überhaupt keine Folterkammer, aber Filly rückte vorsichts-

halber etwas näher zu Daphne, und der Rest hatte es plötzlich gar nicht mehr eilig, eine Tour durch die Unterwelt zu unternehmen.

»Oder wir genießen erst mal diesen wunderbaren Kuchen«, schlug Niko vor, worüber alle Gäste sichtlich erleichtert waren.

Niko hatte sich richtig ins Zeug gelegt und zusammen mit Charon, der offenbar ein leidenschaftlicher Konditor war, eine Torte in Form eines Phönix' gebacken.

Während alle aßen und lachten, musste Zag daran denken, wie glimpflich er davongekommen war. Zwar hatte ihn Zeus für den Rest des Schuljahres suspendiert, aber wenn er es danach immer noch ernst meinte, durfte er zurück an die Akademie kommen, seine Schwestern ebenfalls. Nachmittags würden sie dann wieder mit Charon zurück in die Unterwelt schippern und ihren Pflichten nachgehen. Damit war Zag mehr als einverstanden gewesen. Zumal seine Freunde ihn nun jederzeit hier unten besuchen durften. Und irgendwie war er sich ziemlich sicher, dass seine Mutter ihre Finger im Spiel hatte. Es hatte sich gezeigt, dass man es sich mit ihr besser nicht verscherzen sollte. Auch Hades gab sich Mühe, ein besserer Vater zu sein, und hatte seinem Sohn zum Geburtstag einen kleinen mintgrünen Knochenthron für seinen Schreibtisch geschenkt. Er war nicht ganz nach Zags Geschmack, aber in jedem Fall ein Anfang.

Auf Morpheus' Zeichen hin hoben alle die Kelche. »Auf Zag, den größten kleinen Gott des Olymps und der Unterwelt!«, rief er.

»Auf euch, die besten Freunde, die man sich wünschen kann«, gab Zag zurück. Und gemeinsam stießen sie mit Nektarlimo auf ihre Freundschaft an. Und natürlich auf das nächste Schuljahr, das gerne etwas weniger dramatisch werden durfte ... Obwohl, vielleicht würde Zag ja seiner Kreativität in der Theater-AG freien Lauf lassen – von Wagenrennen hatte er definitiv die Nase voll.

ENDE

GRIECHISCHES GÖTTERWISSEN FÜR ANFÄNGER

Übersicht griechischer Göttinnen, Götter, mythologischer Wesen und Orte

Amazonen – starke und unerschrockene Kriegerinnen, bewachen die Olympia Akademie

Aphrodite – die Göttin der Liebe, Mutter von Deimos und Phobos

Apollon – der Gott der Weissagung und der Künste, Wagenlenker bei den Olympischen Spielen

Ares – der Gott des Krieges, Vater von Deimos und Phobos

Artemis – die Göttin der Jagd, Lehrerin im Bogenschießen an der Olympia Akademie

Athene – die Göttin der Weisheit, Direktorin der Olympia Akademie

Charon – der Fährmann, der Verstorbene über den Fluss Styx in die Unterwelt bringt

Daphne – eine Nymphe, also ein Naturgeist, Mitglied im Club der kleinen Götter

Deimos & Phobos – die Söhne von Aphrodite und Ares, fiese Zwillinge, die Zag das Leben schwer machen, Kumpel von Herakles

Demeter – die Göttin des Getreides, Mutter von Persephone

Dionysos – der Gott des Weines

Dolos – der Dämon der Täuschung und des Betrugs

Elysion – paradiesischer Ort in der Unterwelt für verstorbene Heldinnen und Helden

Filly/Philotes – die Göttin der Freundschaft, Halbschwester von Morpheus, Mitglied im Club der kleinen Götter

Furien – die drei Rachegöttinnen Alexa (Alekto), Meg (Megaira), Tessa (Tisiphone), Töchter von Persephone und Hades, Schwestern von Zag

Gorgo/Gorgonen – Kriegerinnen mit Schlangenhaaren, bei deren Anblick Menschen zu Stein erstarren

Hades – der Gott und Herrscher der Unterwelt, Ehemann von Persephone, Vater von den Furien und Zagreus

Harpyien – geflügelte Wesen mit menschlichem Kopf

Hebe – die Göttin der Jugend, Tochter von Hera

Helios – der Sonnengott, Wagenlenker bei den Olympischen Spielen

Hephaistos – der Gott der Schmiedekunst, Lehrer für Schmiedekunst an der Olympia Akademie

Hera – die Göttermutter, Ehefrau von Zeus

Herakles – Halbgott und Held aller Helden, Sohn von Zeus

Hermes – der Götterbote, Gott der Reisenden und der Redekunst, Führer der Seelen ins Jenseits, Lehrer für den Debattierkurs an der Olympia Akademie

Herodot – griechischer Geschichtsschreiber, Geschichtslehrer an der Olympia Akademie

Hestia – die Göttin des Herdes, Kantinenchefin in der Olympia Akademie

Hydra – mehrköpfiges Ungeheuer, dem mehr Köpfe nachwachsen, wenn man einen abschlägt (nicht gut auf die Furien zu sprechen)

Hypnos – der Gott des Schlafs, Vater von Morpheus

Iris – die Göttin des Regenbogens

Kalliope – die Muse der Dichtung, Lehrerin für Tanz an der Olympia Akademie

Kerby/Kerberos – der dreiköpfige Hund, Wächter der Unterwelt, Zags bester Freund

Kratos – der Gott der Macht und Gewalt, Kumpel von Herakles

Lethe – der Fluss des Vergessens in der Unterwelt

Mnemosyne – der Fluss der Erinnerung in der Unterwelt

Morpheus – der Gott der Träume, Sohn von Hypnos und Nyx, Halbbruder von Filly, Mitglied im Club der kleinen Götter

Nemesis – die Göttin des Zorns, Wagenlenkerin bei den Olympischen Spielen

Nike – die Siegesgöttin, Trainerin an der Olympia Akademie

Nikodemus – ein Schatten der Unterwelt, Zags Lehrmeister

Nyx – die Göttin der Nacht, Mutter von Morpheus

Olymp – der Wohnort der Götter

Olympia Akademie – die Schule für Göttinnen und Götter

Pan – der Hirtengott, besitzt den Unterkörper eines Widders

Pegasus – ein geflügeltes Pferd

Persephone – die Göttin des Frühlings und der Fruchtbarkeit, Ehefrau von Hades, Mutter von Zag und den Furien

Poseidon – der Gott und Herrscher des Meeres

Pseudea – die Göttin der Lüge

Rhode – eine Flussnymphe, Tochter von Poseidon, Wagenlenkerin bei den Olympischen Spielen

Schatten – die Seelen Verstorbener in der Unterwelt

Styx – der Totenfluss in der Unterwelt

Tartaros – das Gefängnis der Unterwelt

Titanen – riesenhafte Wesen, die im Tartaros eingesperrt wurden

Urania – die Muse der Sternkunde, Lehrerin für Astronomie an der Olympia Akademie

Zag/Zagreus – der Prinz und Gott der Unterwelt, Sohn von Hades und Persephone, Bruder der Furien, Mitglied im Club der kleinen Götter

Zelos – der Gott des übereifrigen Strebens, Wagenlenker

Zeus – der Göttervater und Herrscher des Olymps, Ehemann von Hera, Vater von Herakles

Lucy K. Walker hat schon früh ihre Liebe zu fantastischen Geschichten entdeckt und irgendwann damit begonnen, sich selbst welche auszudenken. Dabei hilft ihr ihr Literaturstudium, und dass sie eine Zeitlang in Schottland gelebt hat – ein Land voller Sagen und Fabelwesen. Wenn Lucy gerade nicht schreibt oder liest, ist sie mit dem Rad in der Natur unterwegs – und dabei stets Geheimnissen, Kobolden und Geistern auf der Spur …

Marta Kissi ist in Warschau aufgewachsen und lebt mittlerweile als Illustratorin in Bath, England. Sie studierte Illustration & Animation an der Kingston University und Visual Communication am Royal College of Art. Am meisten liebt sie an ihrem Beruf, dass sie Geschichten zum Leben erwecken darf, indem sie charmante Charaktere und die wundervollen Welten, in denen sie leben, zeichnet. Sie teilt sich ihr Atelier mit ihrem Ehemann James und ihrer Zimmerpflanze Trevor.

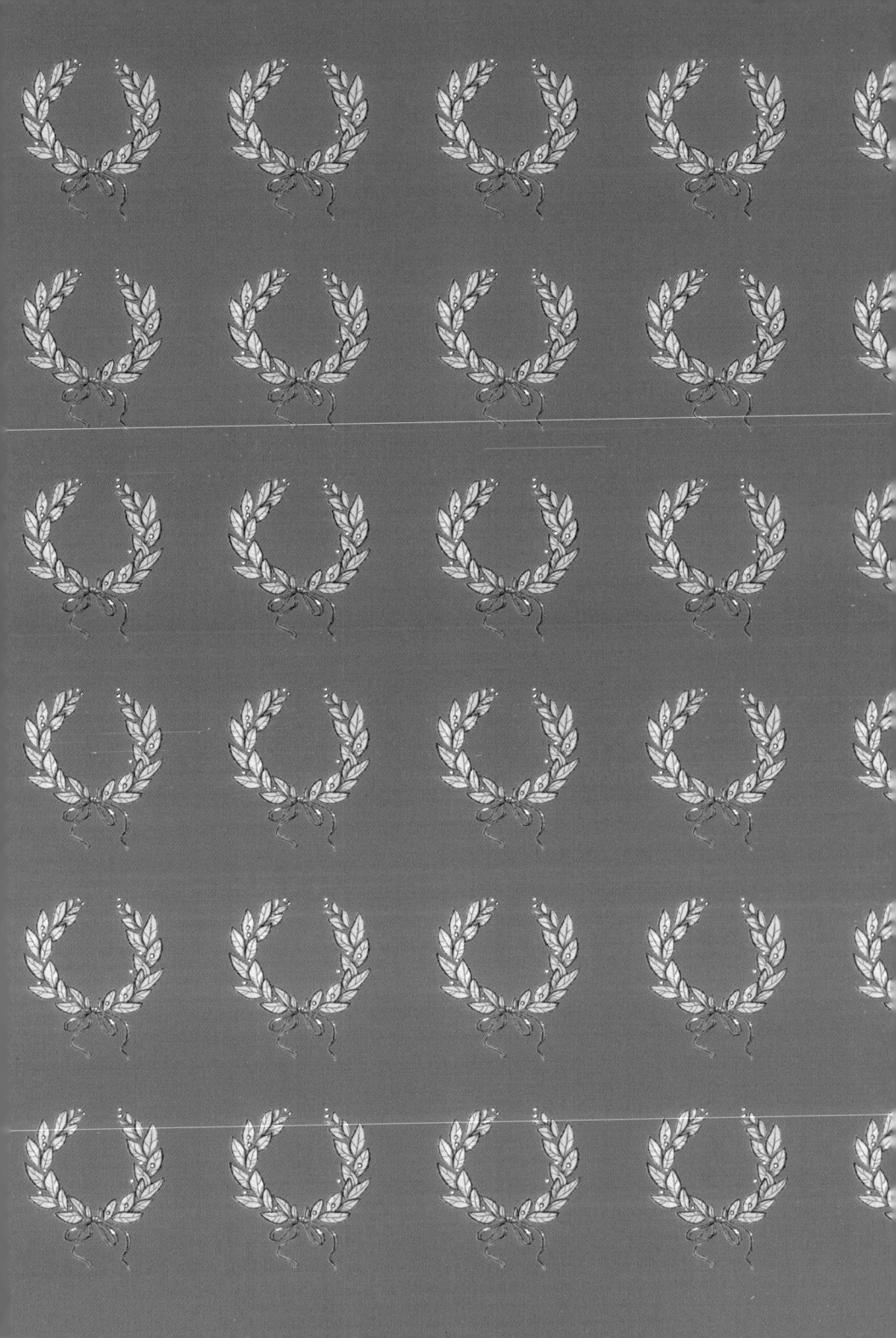